Lettre ouverte aux écolos qui nous pompent l'air

BERNARD THOMAS

Lettre ouverte aux écolos qui nous pompent l'air

Albin Michel

Collection « Lettre ouverte »

22, rue Huyghens, 75014 Paris

ISBN 2-226-05898-2
ISSN 0755-1789

Ça gaze pour l'écologie. Ça gaze dans les fumées qui rongent la cathédrale de Strasbourg et les poumons des Bas-Normands. Ça carbure dans chaque embouteillage. Ça baigne dans l'étang de Berre pollué, la mer d'Aral et la Méditerranée. Pas un dîner, pas un bistro, pas une conférence... A craindre des overdoses de propreté.

Pourquoi cet engouement? C'est bien simple. Pour la première fois un mouvement se penche sur les problèmes de la vie quotidienne auxquels les politiques oubliaient de répondre, noyés qu'ils sont dans des discours aussi vaseux que fumeux. Ces loustics nous parlent de l'eau, celle qu'on boit, de l'air, celui qu'on respire, de la terre, celle du bout du jardin, du feu, celui du nucléaire qui couve peut-être sous la décharge du Bouchet (Essonne).

Questions de cours posées par la Fédération Rhône-Alpes de protection de la nature aux candidats aux régionales : « Le plan Montagne, la loi Littoral et les grands lacs Rhônalpins, l'aménagement de la Loire, la ressource en eau et l'hydraulique agricole, la gestion de la faune sauvage, l'autoroute Grenoble-Sisteron, le canal à grand gabarit Rhin-Rhône, les risques industriels majeurs, la gestion des déchets. » En cas de mauvaise copie, zéro pointé. Et zéro voix. Hier encore, tout cela relevait, avec un peu de honte, de listes d'intérêt local. Aujourd'hui la moindre revendication, parée d'écologie, se fait glorieuse.

La société étant pour l'heure en panne de religiosité comme d'idéologies prometteuses avec lendemains garantis chantants, capables de faire oublier les malheurs présents, ces petites attentions finissent par faire des compensations acceptables.

Allez donc attaquer l'écologie! Inventée par le biologiste Haeckel en 1866, c'est une science. A ce titre aussi peu contestable que la botanique, la physiologie ou la dynamique des systèmes non linéaires – auxquelles, le cas échéant, elle renvoie. Sa particularité : s'occuper des « rapports des organismes avec le monde extérieur ». Or que sommes-nous, nous les humains, sinon des organismes? Si bien que l'écologie nous concerne de toutes les manières, à chaque instant. On peut même dire que nous faisons de l'écologie sans le savoir : comme Monsieur Jourdain faisait de la prose. Il peut y avoir des petits maîtres de philosophie, des linguistes brevetés et des maîtres à penser, je fais, tu fais, nous faisons de la prose. C'est comme de respirer. On peut bien vivre cent ans sans y prêter attention.

Et du coup, ce n'est pas la pneumologie qu'il s'agit de brocarder, mais certains pneumologues : le poumon! Le poumon, vous dis-je. La botanique n'est pas contestable, mais Bouvard et Pécuchet, si. La médecine a, depuis Molière, fait des progrès, mais le docteur Knock rôde toujours à l'ombre de son thermomètre, avec ou sans sécurité sociale. Il en va de même pour l'écologie.

Elle a sécrété de délicieux professeurs Nimbus, mais aussi des sectaires atrabilaires – et pas mal de vipères parmi les orvets. Autant de faucons que de colombes et, récemment, des hordes de loups efflanqués, aux dents longues, qui se jurent, en son nom, espèces protégées.

Et comme, de l'agronomie à la thermodynamique, de la météo à la sociologie ou à l'économie, l'écologie touche à peu près à tout, cela permet de fourrer son nez partout. En particulier dans le jeu politique. Qu'est-ce qu'ils ont donc derrière la tête? On n'a jamais vu se fédérer le parti des femmes, celui des hommes battus, des transsexuels, des médicastres ni des garçons coiffeurs. Pourquoi ne pas s'agglutiner entre mécontents de la Santé ou de l'Éducation nationale? Et pourquoi l'écologie saute-t-elle le pas? Pourquoi, sinon pour l'exercice du pouvoir? Le problème écologique crucial relève désormais surtout de la flore et de la faune électorales. C'est : j'y vas-t-y? j'y vas-t-y pas? Et si j'y vas, jusqu'où iront les compromis « entre utopie et réalisme », comme dit Waechter. Ce que certains prennent pour des trahisons.

En Angleterre et aux États-Unis, les écolos forment des groupes de pression puissants. Pas davantage. En Allemagne, après y avoir batifolé, ils viennent d'être éliminés du Bundestag. A quand, chez nous, la république des écolos?

Waechter un jour élu président : voilà la promesse de franches fricassées de rigolades. Avez-vous demandé le programme? On se baguenaude dans le jardin des délices. On y relève en particulier « une baisse rapide, massive et générale de la durée du travail », préconisée par Alain Lipietz, l'économiste du cru. Trente-cinq puis trente heures par semaine d'ici la fin du siècle : ainsi y aura-t-il des hypothèses de boulot pour chacun. Je tendrais volontiers, quant à moi, vers le degré zéro de l'effort et je ne dois pas être le seul. Afin de consacrer tout mon temps, comme il est préconisé, à l'amour, à l'amitié et à la contemplation. A condition toutefois de bénéficier d'une rente confortable correspondant à mes mérites. Il me la promet presque.

Quel menu délectable! Ne pas trop se fatiguer, ne pas trop voyager – ou à vélo –, supprimer au plus vite les centrales nucléaires, promouvoir des petites patries régionales – d'où il sera plus difficile de se déraciner faute d'argent, d'autoroutes, de TGV, d'avions et d'énergie –, « harmoniser les productions humaines avec notre milieu de vie » (Waechter), au lieu d'« un système socialement insoutenable et destructeur de l'environnement, qui aboutit à la montée de l'injustice et de l'exclusion » (Lipietz). « Jouir du temps libre plutôt que des gadgets », réduire le « pouvoir d'achat mensuel de ceux qui gagnent plus que la moyenne », mais maintenir « celui des moins favorisés », créer une « allocation universelle » pour permettre à chacun de « vivre dignement », surtaxer les entreprises polluantes et gaspilleuses y compris en kilomètres inutiles, tendre doucettement vers une croissance nulle, je passe sur quelques autres félicités, comme de mettre dans les villes de vraies campagnes : ah! comme on sera heureux! Quel début de siècle idyllique se prépare – je parle, bien sûr, du XIXe teinté des utopies de Marx première époque

– mais sans guerres, sans arrivisme, sans aucune des vacheries, c'est juré, qui polluent ce monde pourri. Je n'ai pas bien compris comment on y parvenait. Par la douceur? Ce serait fantastique. Ou bien plutôt par la poigne de fer du parti triomphant?

A en croire les gentils bio-organisateurs, nous allons droit, en petites foulées, hop, hop, vers ce paradis terrestre obligatoire, à la portée de toutes les bourses. Il est tout juste temps de poser des questions. Dont celle-ci : la république des philosophes devait, selon Platon, confiner à l'Empyrée. Ce fut le Styx et son fiel. Que nous réserve celle des docteurs-miracle?

Pour le diagnostic de nos désordres, de tout cœur merci à eux. Mais, laissez-moi encore un peu, je vous en conjure, respirer à ma façon.

Et puis, m'émerveiller de quelques paradoxes. Cette espèce de fatalité, par exemple, de notre monde de spectacle et de marchands, qui veut qu'en attendant le grand sacre du vert, l'écologie, récupérée, se laisse assaisonner à toutes les sauces. En son nom, quel salmigondis, quelles aberrations, quel brouillamini d'idées!

L'écologie, tenez : mais c'est de gauche! A moins que ce ne soit de droite. Cela, déjà, n'est pas bien clair. Un jeu : de qui est cette déclaration? « Visiter la Bretagne serait frustrant si l'on devait à chaque pas tomber sur un Suisse ou un Croate, ne plus retrouver, même mêlé à d'autres composants, un peuple *(ein Volk!)* en étroite symbiose avec la terre *(ein Land!)* qu'il habite, à laquelle il est attaché, dont il est capable de faire vivre le patrimoine linguistique, culturel, architectural... » Du menhir breton? Pas du tout. Pire? Vous n'y êtes pas. Il s'agit d'un extrait d'une *Contribution au débat sur l'immigration,* corédigée en novembre 1985 avec Christian Belloc et Jean Reynaud, par le député Vert européen de Marseille, Gérard Monnier-Besombes, le moins raciste et le moins lepéniste des êtres. Mais écolo jusqu'au bout des ongles et donc régionaliste. C'est là que ça s'embrouille, à force de vouloir couler de source...

L'écologie est devenue un fourre-tout d'où échappent à profusion quiproquos, confusions, quand ce n'est pas inepties. C'est une mode, une passion, une secte, une religion, un signe de reconnaissance, un comportement, un attrape-nigaud. Et puis c'est « porteur ». « C'est vendeur! » vous dira d'un air entendu le premier agent de tourisme venu. Il n'est plus un atoll, plus un lagon paumé, au bout du Pacifique, où les Alceste modernes, à l'instar du chanteur Antoine, en quête de déserts pour abriter leurs rubans verts, n'aient fait pleuvoir des charters de viande à rissoler. Plus un Ladakh du Haut-Tibet où les marcheurs sincères à la Jacques Lanzmann ne fassent courir des milliers de clampins en proie aux affres délicieuses du *trekking* par caravanes pleines, avec horaires chronométrés de peur que les troupeaux ne se croisent dans les caillasses solitaires. Plus un piège à consommateurs, objet de tout ton mépris, qui ne soit mis au vert. En fait de prose, c'est d'une poésie!...

Pourtant, je t'aimais bien, l'écolo. Avec tes cheveux en broussaille traités au shampooing de quintefeuille (racines d'orties, semences de capucines, saponaire et bois de Panama), ta salopette lavée à un mélange de cristaux de soude et d'essence de pin, cramponné au volant de ta deuche fumigène couverte d'étiquettes, « Non au nucléaire » et « Gardarem lou Larzac », tu allais troquer tes agrumes garantis santé contre un poulet nourri aux graines roboratives de quelque inouïe poudre de perlimpinpin. Tu étais tendre et folklorique. Un peu ridicule mais tellement chouette, et si ta vieille caisse polluait plus qu'il n'est de mise, on te le pardonnait, tant tu faisais circuler d'air frais.

De toute ton âme, tu tendais vers le bon sauvage entr'aperçu par Diderot sur le rivage de Tahiti, lors du *Supplément au voyage de Bougainville* : « Prends cet arc, c'est le mien; appelle à ton aide un, deux, trois, quatre de tes camarades, et tâchez de le tendre. Je le tends moi seul. Je laboure la terre; je grimpe la montagne; je perce la forêt; je parcours une lieue de la plaine en moins d'une heure. Tes jeunes compagnons ont eu peine à me suivre; et j'ai quatre-vingt-dix ans passés. »

Ta compagne se concoctait des masques à la pulpe de tomate, d'ananas, de concombre et de pomme de terre. Tu soignais ton cholestérol au genièvre, à l'artichaut et au chiendent, tes gnons à la pâquerette et à l'hysope, tes grippes au thym, au buis et à la marjolaine, cela ne te rendait pas toujours joyeux compagnon, mais quand on détient la vérité... Je t'ai bien connu et même, je peux l'avouer, j'ai été contaminé par le jus de carotte, la salade de soja et les applications d'oignon sur les bobos. Je n'en ai pas de regret : c'était une belle histoire d'amour. Cela se passait du temps d'avant Plogoff, j'en parlerai plus loin. En te faisant, je le crains, un peu de peine : les héros de Plogoff n'étaient guère écolos.

Je t'aime toujours. Mais cette image de toi, tu l'as laissée se friper avec ta défroque. Toi, le gentil, qui ne faisais pas de mal à une vipère parce que la vipère fait partie de la chaîne des êtres, tu te retrouves au musée, suspendu à de glorieuses cimaises, entre le rigolo vélo du facteur de *Jour de fête* et le premier araire en bois du fellah égyptien, honoré, adulé au point de te voir voué aux fructueuses spéculations que tu dénonçais naguère. Et qui te dépassent de toutes les manières.

Plus un homme politique ne peut échapper à la vague verte. Je m'étonne de ne pas avoir vu déjà Mitterrand poser, après le clocher de la force tranquille, devant sa bergerie de Latche, un agneau dans les bras. Le Pen, plus vif, a prétendu embrasser son rat familier sur la bouche. Il n'avait pas pris garde, on n'est jamais assez méfiant, qu'il s'agissait d'un *ratus niger* à la peau basanée. Pour les besoins électoraux, chacun fait feu de tout bois, de toute paille et de tout grain. Les Labradors de Giscard ne suffisent plus, et pour faire de la lèche au public, le « Bébête Show » menace de se voir converti en parc protégé pour espèces politiques en voie de disparition.

Si Waechter traite Lalonde de noms d'oiseaux et si chez Tapie, question de goût, on donne plutôt dans le maquereau et le hareng, c'est seulement par souci d'écologie. Les Minkowski, les Stoléru, Fabius lui-même, devenus quelque peu daltoniens, ne disent plus : « je vois la vie en rose ». Le moindre poireau leur paraît rutilant. On a vu des bleu-blanc-rouge pur sang rebadigeonner soudain leur casaque, et des verts tirer à boulets de feu sur des goujats qui ne goûtaient pas leurs raisins.

Il y a aussi de terribles casse-tête : allez donc en Bretagne côtière vous déclarer à la fois pour les écolos et pour les filets maillants où les pêcheurs-électeurs assassinent les dauphins! Allez dans le Sud-Ouest bouffer de l'écologie et manger des palombes. Les fédérations de chasse ont pris soin d'intituler leurs listes régionales Chasse, pêche, nature et traditions, tandis que toi, tu revendiques la plus ancienne des traditions, le retour à la nature. Voilà du coup Lalonde qui se faisait allumer par les Verts : ils lui reprochaient de sacrifier les oiseaux migrateurs aux Nemrods locaux. Tandis que les fines gâchettes tirent toujours à vue sur les écolos excommunicateurs. Quelle pétaudière! Quelle salade!

A la vérité, mis à part quelques Verts purs et durs, la plupart des nouveaux convertis mangent à tous les râteliers.

Les grandes questions de politique intérieure ne sont plus seulement l'école privée, le service militaire à dix mois ou le vote des émigrés, mais : êtes-vous pour ou contre l'ours des Pyrénées et l'élevage du ragondin? Êtes-vous pour ou contre les barrages sur la Loire, la réintroduction des espèces végétales et animales en région parisienne et le productivisme?

Êtes-vous pour la publicité financée par la chambre d'agriculture du Finistère : « Le respect de l'eau, de la nature ne sont pas des préoccupations nouvelles pour les agriculteurs. » Êtes-vous pour la repartie vacharde de la Société pour l'étude et la protection de la nature en Bretagne (SEPNB) : « C'est une industrie polluante comme d'autres et avec les autres. Il faut le dire et agir en conséquence. » Question subsidiaire : faites un sondage et comptez vos voix.

Êtes-vous pour le développement des bio-carburants faciles à produire à partir de betteraves, de blé, de maïs, de pommes de terre, d'huile de colza ou de topinambour, ce qui limiterait nos importations de pétrole, ou considérez-vous qu'il s'agit d'un piège pseudo-écolo à l'usage de paysans surendettés?

Êtes-vous pour ou contre l'humanisme, les bébés phoques et la défense de votre bout de jardin? Êtes-vous pour ou contre la gueule de bois en contreplaqué recyclable, à base de gentiane écolo?

Qu'est devenue l'écologie? Ouvre tes journaux. L'écologie est une valeur de placement. La Caisse d'épargne Écureuil en a fait son cheval de bataille avec la SICAV de l'éco-industrie, la reine des « géo-valeurs », la championne des « valeurs de l'environnement ».

La publicité de l'éco-Écureuil est limpide comme une cascade de dollars : « Pendant bien longtemps, les entreprises ont prospéré " en salissant "; elles s'aperçoivent aujourd'hui qu'elles ne peuvent plus progresser sans " nettoyer ", sans participer à la protection de l'environnement.

« En d'autres termes, la sauvegarde de notre planète sera demain l'une de nos principales activités économiques.

« C'est pourquoi l'environnement n'est plus seulement une préoccupation affective ou philosophique, mais un réel secteur d'action, de production et d'investissement. Son développement est permanent et durable pour des raisons légales, utilitaires et humaines...

« Marché à fortes potentialités de développement – on l'évalue à 600 milliards de francs pour la seule CEE en l'an 2000 –, l'économie de l'environnement est promise à un bel avenir. »

Qu'est-ce qui te gêne là-dedans? Qu'on dise que l'écologie est une chose désormais trop sérieuse pour qu'on te l'abandonne? C'est pourtant de cela qu'il s'agit. Place aux banquiers et aux industriels. C'est le moment de manifester ton sens de l'humour. Tu jouais les marginaux : à présent, ils te font jouer les utilités. Si tu veux être dans le coup, te voilà contraint de troquer ta peau de bique contre le costard-cravate et l'attaché-case du businessman, dont chacun sait l'attachement aux valeurs fondamentales, pourvu qu'elles fructifient.

Le culte du profit promu dernier rempart contre la pollution : n'est-ce pas amusant? Tu ne l'aurais pas imaginé. Mais tu avais mal vu. Le dollar est un billet vert : cela ne prouvait-il pas depuis toujours sa vocation? Bientôt on en fabriquera sur papier recyclé.

Le Crédit agricole, depuis longtemps à la pointe du financement des cultures les plus productives, *ipso facto* jusqu'à présent les plus polluantes, choisissant, de son côté, de se renouveler en dépolluant, devrait, au lieu de t'indigner, te mettre en confiance : il n'a plus à faire la preuve de son efficacité.

Quelques mois après lui, en novembre 1991, la Caisse des dépôts et consignations, dont la puissance est gigantesque, fondait à son tour sur l'environnement et mettait 700 millions au vert. Son but : « Renforcer les fonds propres des PME non cotées en Bourse, spécialisées sur des créneaux (quel style!) industriels de dépollution, que ce soit dans l'emballage, dans le nettoyage industriel, le traitement des déchets, l'assainissement de l'eau, ou encore les produits chimiques non polluants » (*Libération* du 22 novembre 1991).

Même chansonnette que celle de l'Écureuil depuis son grenier à noisettes : « Un marché à forte croissance potentielle. En France, on évalue à quelque 300 milliards de francs les investissements qui seront réalisés d'ici à dix ans dans les activités liées à l'environnement. Sur l'ensemble de l'Europe, le secteur de l'eau représente déjà un marché de 140 milliards et devrait connaître une croissance de 6,5 % par an. La progression devrait être encore plus forte pour le secteur des déchets, autour de 9 % par an, alors que le marché pèse déjà 120 milliards de francs. » Quel filon, où le moindre grain d'ordure vaut son pesant d'or!

Le chant des sirènes spéculatives ne néglige aucune cible : l'une des filiales de la Caisse, la Siverg, a même créé l'année dernière un instrument financier astucieux pour financer des projets d'économie d'énergie dans des « établissements publics déshérités tels que les hôpitaux ou les lycées ». Tu verras que bientôt les Petits Chanteurs à la croix de bois seront mobilisés pour ta cause.

Les deux mammouths français ne font qu'emboîter le pas aux Japonais, dont les yeux viennent de se débrider sur leur environnement, après être passés maîtres, depuis cinquante ans, dans l'art de le saccager. Parce que l'extermination des dernières baleines bleues, les masques à oxygène aux carrefours sous peine de collapsus, les filets de pêche au saumon, de 90 kilomètres de long, c'est tout de même eux. Sous la pression écologique à la mode, l'un de leurs établissements bancaires les plus importants, la Mitsubishi, vient d'adopter pour emblème un couple d'oiseaux prenant son envol. Un autre, la Fuji, l'image du plus beau volcan du monde. La Mitsui Taiyokobe, deuxième banque du pays, s'est rebaptisée Sakura Bank, qui signifie « banque des cerisiers en fleur », symbole, nous dit-on, de l'ancien Japon et de ses fêtes rituelles célébrant jeunesse et beauté. Tout cela parce que la Sanyo Sogo Bank a vu les dépôts des clients augmenter de 30 % depuis le jour où son PDG, Kenji Koshida, un malin, a eu l'idée de l'appeler Tomato Bank et de lui inventer pour logo un petit bonhomme rigolard à tête de tomate, affublé de chaussures vertes.

Vertes bien sûr, les nouvelles cartes de crédit distribuées par la Nippon Shirpan : elles remportent un succès fou grâce à une pub certifiant que 0,50 % des sommes en jeu est reversé à un fonds de reboisement. Ce qui a donné l'idée à son concurrent Orient, raconte *Libération* du 13 mai 1991, de faire, en association avec la Wild Bird Society, un coup similaire sur le dos des oiseaux : 1 % des opérations est alloué à l'acquisition de terrains marécageux sur Hokkaido, pour sauver des grues blanches. La grue blanche moteur de profit : on n'arrête pas le progrès.

Écologie? Selon les besoins de la cause, ton mot-drapeau signifie une ligne de produits de beauté fabriqués par les laboratoires Revlon : « Chaque jour votre peau est agressée. Protégez-la avec Écologie. » Ou bien la profession de foi du parfumeur Yves Rocher, un industriel remuant du beauty-business, vainqueur aux régionales dans son Morbihan. Yves Rocher, depuis La Gacilly, loua donc, au printemps de 1991, des pages de couverture d'hebdomadaires (*Télé 7 jours* du 16 mars) pour annoncer : « Nous suicidons la terre. Nous suicidons nos enfants. » Avec un message philanthropique à fendre l'âme, auquel je ne résiste pas : « Nous n'avons qu'une seule Terre. Et pourtant, nous la massacrons. Comme si nous avions des " Terre " de rechange. »

Suivent deux paragraphes apocalyptiques sur les forêts victimes des pluies acides, les océans poubelles et la couche d'ozone atteinte de calvitie, avant de conclure :

« ... La Terre est écorchée vive.

« Mais nous pouvons nous battre. Nous pouvons sauver la Terre... Ainsi, chez Yves Rocher, nous avons mis au point un vaporisateur qui fonctionne non pas avec les gaz habituels destructeurs d'ozone, mais tout simplement... à l'air pur. Sa mise au point, maintenant parfaite, a été longue et coûteuse.

« Eh bien, s'ils le désirent, nous mettrons cette technologie, gratuitement, à la disposition de tous les industriels. C'est peu de chose. Mais c'est en agissant ainsi que tous ensemble, nous pouvons sauver la Terre. »

« L'air pur » : il fallait bien finir par l'inventer. Je livre le tuyau à Waechter et Lalonde. Gratuitement. Après cela, si vous ne préférez pas les produits

Yves Rocher aux autres, c'est que votre âme est polluée jusqu'au tréfonds.

L'écologie est donc l'alpha et l'oméga des soins de beauté. Attention toutefois. Le naturel soit : mais à l'heure de la science! La nature, d'accord : mais celle de l'an 2000...

« Il ne s'agit pas de remettre au goût du jour les masques au concombre et les shampooings aux œufs de nos grand-mères », commente une chroniqueuse de *France-Soir* (8 mai 1991). « Les biologistes se sont branchés sur le XXIe siècle, et les précieuses petites plantes conservent leurs substances les plus actives parce qu'elles viennent en 48 heures du bout du monde et sont – bien – traitées dans les laboratoires les plus sophistiqués. Parce que le naturel ne revient plus au galop, mais par avion. C'est plus rapide. »

Et plus profitable aussi : un paramètre occulté dans la potion magique publicitaire.

Tout aussi naturellement, l'écologie se retrouve, bien malgré elle, pierre angulaire de la vente de bureaux. Voyez plutôt Saint-Quentin-en-Yvelines. Publi-reportage livré par un récent *Figaro Magazine :*

« Les entreprises passent au vert. Non par un brusque souci de l'écologie (l'aveu est joli), mais tout simplement parce que l'environnement est devenu l'un des éléments clés de leur croissance.

« Les cadres ont toujours aimé la chlorophylle : (les prolos, non...). Mais à la différence d'hier, ils peuvent aujourd'hui se mettre au vert sans avoir à quitter leur lieu de travail. Saint-Quentin-en-Yvelines l'a bien compris », etc. Avec un golf estampillé naturel de 45 trous et 140 hectares, nul doute que cette cité nouvelle ne devienne, comme il est promis dans le dépliant, une « pépinière d'entreprises ».

Le golf, ah! le golf! Rien ne marque mieux que lui la ligne de rupture entre les Verts et une nouvelle variété de verdure. L'ardeur des combats a parfois transformé des carrés d'herbe en champs de bataille. Tu y joues volontiers les Zorros, oubliant parfois que don Diego était un riche propriétaire terrien.

Le golf est-il simplement un sport de plein air à la campagne, en plus ou moins bonne compagnie? Je l'avais naïvement cru. En lisant les sorties de tes copains puristes contre links, greens et bunkers, je n'en suis plus si sûr.

La France en est, disent-ils, désormais criblée, ou menace de l'être. Les projets poussent sur les collines comme du gazon bien arrosé : un bon millier, quand il existait 170 parcours il y a deux ans. Tant mieux pour les amateurs.

Mais un golf, ce n'est pas seulement de la verdure avec, par-dessus le marché, des clients payant des cotisations pour le drive du siècle : cela s'accompagne volontiers d'un projet immobilier plus ou moins important qui en est le suc. « Peu importe à la limite de perdre un ou deux millions par an dans l'exploitation d'un parcours, si l'on doit gagner dix fois plus en vendant les maisons qui le jouxtent », déclarait naguère Jean-Luc Margot-Duclot, patron des Arcs (la station de sports d'hiver) dans une interview au *Nouvel Économiste.* D'ailleurs, plus d'une municipalité qui aurait rechigné à autoriser un lotissement dans un espace naturel inconstructible s'est mise soudain à applaudir l'idée d'implanter du béton vert plutôt chic entouré de petits trous. Le golf est, comme ils disent dans leur jargon, un « produit d'appel », une « locomotive de développement », un « pôle de fixation » pour les stations balnéaires.

Il y eut même un « plan vert », qui fut l'« outil de financement de la politique gouvernementale en faveur des golfs publics » en 1986. Vert : tu vois, encore un hommage. Et que tu récuses. Dès le lancement de ce plan, le secrétariat d'État à la Jeunesse et aux Sports fut submergé de dossiers. On décida de promouvoir des « zones golfiques » (n'est-ce pas charmant?) et d'établir des plans régionaux : quatre 18 trous en Haute-Normandie, six en Aquitaine, cinq en Bretagne... Des projets souvent compliqués par l'intervention de tes râleurs verts, partisans d'« alternatives douces », de gîtes ruraux, d'implantation de forêts, de projets d'agriculture de qualité, de n'importe quoi plutôt que la vente massive de vastes territoires à des promoteurs immobiliers.

Passéistes ou épris de bon sens selon le point de vue, ils répètent que rien n'est plus artificiel que ces espèces de moquettes aseptisées, remodelées sur plusieurs mètres d'épaisseur, avec pose de drains et de strates de graviers et de sable : des véritables constructions, aussi perturbantes pour l'environnement qu'un grand ensemble. Sans compter ce que cela coûte en eau : 2 100 mètres cubes par jour pendant l'été. Dans le midi, cela ne va pas sans problèmes. Un hectare de links nécessitant en réalité deux à trois fois plus d'engrais qu'un hectare de blé, et un parcours de 50 hectares consommant autant d'eau que 80 hectares de cultures irriguées, tu as des arguments solides et il faudrait, en effet, être daltonien pour soutenir que les promoteurs ont la main tout à fait verte. Mais enfin, songe aussi que les Américains jouent au golf et que leurs Verts sont puissants. Ne pourrait-il pas y avoir place pour tout le monde sur ce terrain mouvant, qui se mue vite en jungle politique?

La hache de guerre a ainsi été déterrée avec des fortunes diverses dans la vallée de l'Aronde près de Compiègne; à Ilbarritz-Houriscot, dans les Pyrénées-Atlantiques où désherbants, insecticides et engrais font éternuer par leur abondance les amoureux de la forêt locale, ex-classée. A Pourrières, dans le Var, où une société espagnole a proposé rien moins qu'un village provençal de 1 200 maisons avec deux piscines, un stade de 20 000 places, un théâtre romain, un palais des congrès, un centre commercial : nouvelle mouture de l'éden garantie sur facture très lourde. A Savenay, en Loire-Atlantique, où les devis se sont mis soudain à doubler. Dans le Vaucluse, où l'on s'est aperçu après faillite qu'il n'était pas si facile de faire rentrer sous terre des maisons de golf, ni de réduire à néant du gazon apparemment inoffensif. En Normandie, où bien des vallées ont été transformées en trous normands. Autant d'histoires, d'arguties et de drames. Les promoteurs, qui s'estiment beaux joueurs, ne voient évidemment dans tes copains opposés à leurs projets que des représentants d'intérêts locaux. Des privilégiés peinturlurés en vert. Ce qui n'est pas toujours faux, tu le reconnaîtras. Tandis que tu les traites, toi, de faisans et autres noms d'espèces menacées : ce qui est loin d'être toujours inapproprié. Oserais-je te faire part de mon opinion? Ces jeux intéressés permettent aux élus du cru de faire leur trou dans un terreau fertile, propice aux guérillas.

« Il paraît que la Terre se réchauffe, je voudrais une maison en dur » : slogan des 450 Agences n° 1. L'effet de serre lui-même promu marchand de studios : ça déménage. C'est ton triomphe.

L'écologie peut servir *ad libitum* d'argument pour vanter les beautés de l'Ile de France avec ses « 2 500 hectares d'espaces verts répartis en dix bases ». Et l'on t'offre en prime la création de folies à la mode des siècles passés, comme ce « théâtre de verdure » de la ville du Plessis (92), gradins en gazon et en pierre, destiné « à donner un coup de pouce à la culture dans les Hauts-de-Seine »... Un monument voué à l'agro-culture.

Mais la fièvre verte que tu as déclenchée ne s'arrête pas là.

Tu reçois par la poste ton catalogue des Trois Suisses automne-hiver 1992. Merveille! La mousse des matelas elle-même y est garantie préserver la couche d'ozone. *Idem* pour les réfrigérateurs. La nouvelle machine à laver aquatronic t'économise 35 % d'énergie et 45 % d'eau. Les portemanteaux sont taillés sur mesure : à 99 francs les trois, c'est peut-être cher, mais ils sont en cèdre et à ce titre chassent les mites sans besoin de produit chimique. Pour toi, ce sont presque autant de messages personnels.

Identique étalage minutieux de la non-pollution chez Monoprix depuis juin 1991 : fruits et légumes sont bio. C'est tout na- tout na-, c'est tout naturel, comme dit la chanson. Les changes pour bébés sont blanchis à l'oxygène, le papier essuie-tout est fabriqué à partir de matériaux recyclés à 100 %, les sacs-poubelle le seront bientôt à 50 % et si tu as l'intention de t'égarer dans les sous-bois, assiettes, serviettes, mouchoirs sont garantis sans chlore. Plus de barquettes de boucherie receleuses de CFC; proscrits les sprays fautifs, bonjour la pile sans mercure et le papier brut préparé avec de la colle biodégradable. Les lessives, les produits à nettoyer la vaisselle, l'évier, les vitres, à récurer les sols, à gratter, à briquer, à frotter : tout cela est à base de coprah, « agent tensioactif biodégradable à 98 % en vingt-huit jours ». Dans le moindre recoin nous sommes scrutés, nettoyés, passés et repassés au vert. Monoprix a poussé le scrupule jusqu'à éditer, sur papier recyclé bien sûr, un *Guide des idées vertes et des produits verts.* Le pendant de la brochure *50 trucs simples pour vous dépolluer et la planète avec,* présentée à l'occasion du « jour de la Terre » (22 avril) par *Actuel,* Europe 2, le ministère de l'Environnement, etc.

Il ne te reste plus qu'à *Vivre en pleine forme* – autre brochure de Monoprix – et le tour est joué : un tour de taille amélioré, un tour de la planète *clean* – un tour de table satisfaisant pour les banquiers. La forme est verte, le fond relève d'un autre ordre d'idées : la marge de bénéfices. Voilà, j'ai mis les pieds dans le plat. Dans l'assiette au beurre bio.

Veux-tu saliver sur la beauté de quelques frusques? (*Marie-Claire,* 17 octobre 1991), « Les écolos sont là! » (c'est le titre) « Élégance tyrolienne d'un rêveur solitaire »... « Écolo, le chambray se met au vert »... « Velours, coton, tendresse et tradition »... Sors ton porte-monnaie pleine peau croco, coco : c'est la santé.

Et ce n'était qu'une amusette. Esprit, la grande marque de vêtements de sport américaine, après un essai fructueux avec un T-shirt appelant au reboisement de la montagne Sainte-Victoire l'année dernière, présente son « écollection » : cela s'appelle ainsi. Le grand jeu. Veste en lin et coton naturel travaillée à la pierre, avec boutons en bois peint, et collier en verre usagé reconstitué, fait à partir de tessons de bouteille; écolo-jeans en coton coloré indigo traités au thé, au vinaigre et à la lave de volcan, salopette en coton organique cultivé selon une ancienne tradition indienne, qui permet de faire pousser des plantes de coloris différents, du blanc au marron; boutons en noix de togua, un palmier originaire de la forêt tropicale d'Équateur – il faut donner un coup de main à ces pauvres gens; sacs en carton ondulé recyclé, ou en fibre de cactus tissée à la main au Mexique. Comme dit un commentaire enthousiaste de *VSD* (27 février 1992) : « Ce nouveau marché de la bonne action et de la bonne conscience peut aussi s'avérer juteux. » Ces sapes d'enfer ne coûtant guère plus du double de ce que vous trouvez ailleurs...

L'Homme invisible s'y est mis, avec une ligne de sous-vêtements pour hommes provenant de la première tonte d'agneau, garantie très douce et très confortable. Éminence a suivi avec des slips en jersey « bio-washé ». Et même la marque Hermès « commercialise son carré écolo pour défendre la mer, sous la forme d'un bestiaire des espèces méditerranéennes en voie de disparition ». C'est chouette, non? L'éco-lobby a du vent dans les voiles. Le salon Première Vision, grand-messe européenne du textile qui s'est tenu à la mi-mars à Villepinte (93) en a apporté la confirmation : la quintessence du chic sera demain la blouse en écorce d'arbre imprimée à l'encre de soja. Que n'as-tu déclenché là! Tant de désintéressement, n'est-ce pas merveilleux? Et toi, parmi tant d'étranges sécrétions, tu te contentes de glisser sur la vague verte que tu as lancée, benoîtement, innocemment, électoralement... Oh! tu n'as pas changé le monde. Pas encore. Tu le renouvelles et parfois le renforces plutôt. Tu lui donnes un tour de vice en plus...

Je relève au hasard des pubs : l'« éco-recharge Lénor » qui conserve à vos lainages tout leur moelleux. L'« éco-diet, une gamme de produits d'exception », avec numéro vert (cela s'impose) pour plus de précisions sur l'« huile solaire aux huiles essentielles », le « masque à l'argile blanche » et la « pâte à tartiner à la pistache ». L'éco-cité Montpellier : « Dans un merveilleux environnement, entre Méditerranée, Camargue et Cévennes... Une écologie au service des hommes. » La gamme Catch « puissance verte », l'« éco-tueur » de mouches et moustiques Insectrap « sans gaz propulseur, aux pyréthrines non polluantes ». Tu es devenu à toi tout seul un argument de vente, un produit à déguster, une cible, un créneau.

Même Michelin s'y est mis en 1992, après une série de désastres les deux années précédentes qui l'ont conduit à licencier 4 900 employés. Les responsables de la firme Bibendum ont inventé le « pneu vert », ainsi nommé parce qu'il permet d'économiser 5 % d'essence et qu'il s'use à petite vitesse. Tu devrais demander une participation aux bénéfices.

Et Sylvester Stallone? Tu n'aurais eu garde de l'oublier, n'est-ce pas? De passage à Paris à l'occasion de la remise de son César d'honneur, il a révélé au *Figaro* son intention de tourner un *Rambo* écolo, rien de moins. Après tout, il y a bien du « porno vert » en Allemagne, mais là, je n'ai pas bien compris. S'agit-il de remettre à la mode des expressions un brin désuètes comme conter fleurette, voir la feuille à l'envers ou taquiner le goujon? Des préservatifs biodégradables dans le feu des assauts figurent-ils au catalogue des spécialités?

Un sondage de l'IFOP, cité par *Libération* du 21 novembre 1991, indique que 27 % des Français se déclarent des purs et durs praticiens de l'écologie : l'Institut les appelle les « Vert-bronze ». Tes semblables, tes frères. 28 % se montrent en outre sensibles à l'écologie-marketing : ce sont les « Vert-prairie ». Tes émules un peu mous. L'ensemble formant une masse plus ou moins malléable d'éco-consommateurs qui ne saurait, cela va de soi, laisser indifférents les producteurs. Voilà comment le diable de la consommation est venu barboter dans ton bénitier antiproductiviste. 27, 28 % : de quoi faire saliver des gens beaucoup moins désintéressés que toi : mets-toi à leur place. Tant de petits soldats verts formés à ton école, exemplaires et disciplinés, sont bien tentants à appâter. Pourquoi les tireurs de ficelles se priveraient-ils d'aussi printaniers plaisirs? La tentation était même tellement évidente qu'il parut vite indispensable d'établir des règles pour limiter les tricheries.

Ainsi, un peu partout dans les pays industrialisés, est née l'idée de créer des labels verts. Chez les Scandinaves, l'estampille a pris la forme du cygne blanc. Chez les Allemands, c'est l'ange bleu : de quoi faire frétiller les mânes de Marlene. Chez les Australiens, c'est le point vert. Chez nous, l'accouchement ne s'est pas passé sans douleur. Ce fut au forceps.

Oh! tout le monde était d'accord sur le principe, depuis que le député PS Alain Brunes avait porté en février 1991 la marque NF Environnements sur les fonts baptismaux. C'est dans le détail que l'affaire se révéla délicate.

A la fin de novembre 1991, Michel Mousel, alors directeur de la prévention des pollutions et des risques au ministère de l'Environnement, protestait, par une note vigoureuse, contre le projet d'attribution du label à des marques de peintures et vernis, rendant ainsi publique la dramaturgie qui se jouait dans les coulisses. Il expliquait que l'AFNOR, Agence française de normalisation, à laquelle revient le droit d'accorder l'estampille, tenait compte uniquement de la quantité des produits toxiques dans les peintures et non de leur nocivité. Ainsi suffisait-il aux fabricants de concentrer un peu plus leurs solvants : ils tombaient au-dessous des normes quantitatives, et le tour était joué.

Ce n'est pas tout. L'AFNOR se serait montrée

disposée à dispenser les industriels de l'encombrant souci d'incinérer les déchets, pour peu qu'il n'y ait pas de « centre de traitement collectif à moins de 150 kilomètres du site de production ». Comme il n'y a pas tellement d'usines d'incinération en France, cet admirable projet de réglementation était prêt à réglementer du vent. Jusqu'au moment où l'astuce fut révélée.

Libre à toi, mon écolo, de tirer ton rouge du murex comme les Phéniciens si tu trouves encore de ces mollusques, et ton bleu de l'indigotier tropical, comme au temps des grandes découvertes. Mais ces techniques ne sont pas à la portée de l'utilisateur moyen lorsqu'il veut repeindre ses volets. Et les barbouilleurs de base sont fort nombreux – j'en suis. D'où la bagarre au couteau autour du pot aux roses empli de billets verts. Ventes sauvages d'actions, lobbying, trafic d'influence, interventions politiques : ce n'est évidemment pas ton terrain d'élection d'origine. Mais telle se présente, sous ton impulsion originelle, la nouvelle donne industrielle.

Depuis 1978 et la création de l'ange bleu, plus de 3 600 produits répartis en 65 catégories différentes ont reçu le feu vert Vert en Allemagne. Sévèrement sélectionnés, ils ont tendance à se vendre mieux que les autres. Une certaine faiblesse de nos pouvoirs publics envers les industriels serait bien humaine. Mais nous n'aurions rien à y gagner. Les Douze se sont mis d'accord au sommet de Maastricht pour créer, à partir de 1992, un label écologique européen, qui consistera en un logo en forme de fleur aux couleurs de l'Europe. Ce coup de goupillon ne sera pas facile à obtenir. Si notre label à nous ne vaut rien, nos voisins ne pourront que s'en frotter les mains – d'autant que la publicité comparative aura commencé à faire des ravages.

Ainsi te voilà l'arbitre de combats de Titans, ces enfants de Gaia cotés en Bourse. J'espère que tu savoures la beauté du paradoxe.

L'enjeu : réussirons-nous ou pas à guérir les excès de pollution que nous avons infligés à cette pauvre planète et à nos propres muqueuses?

Les moyens : ils relèvent d'un capitalisme rénové, l'éco-business. Une sorte de concentration de bandits manchots en somme, prêts à lâcher des flopées de dollars. Une mafia de golden monsters super-branchés. Jouant sur les nerfs et la candeur de kyrielles d'éco-rêveurs qui songent à établir un ordre vert, propret, omniprésent.

« Merci aux écologistes! » vient de lancer l'ancien ministre de l'Industrie Alain Madelin, vice-président de l'UDF et créateur du Centre international de recherche sur les problèmes de l'environnement. (*Le Quotidien de Paris,* 19 mars 1992.) « Les Verts sont à l'origine d'une prise de conscience salutaire. Ils ont dénoncé plus que d'autres l'absurdité et les dégâts écologiques des mégaprojets, des mégabureaucraties, l'architecture collectiviste de nos immenses cités grises, facteur de désagrégation sociale, les conséquences écologiques de la politique agricole commune, sa productivité dopée à coups de subventions. »

Profitons-en dès à présent, propose-t-il, pour créer une écologie alternative par rapport à celle des Verts, et de Génération Écologie : une *écologie de marché,* fondée à la fois sur le libéralisme économique et sur un renforcement du système judiciaire, qui permettra de punir plus sévèrement les vrais pollueurs, en transférant les compétences des tribunaux administratifs aux instances pénales.

Ce qu'on croyait appartenir à tous, dit-il, l'air pur, l'eau pure, est devenu objet de rareté. « Or, depuis que le monde est monde, on a inventé un instrument efficace pour la gestion de la rareté, cela s'appelle le marché. » Avec ses marchandages et sa sauvagerie, ses entourloupes et sa spéculation, son jeu boursier indissociable des impératifs de productivité. Tout ce qu'à l'origine, tu entendais combattre.

Alain Madelin ne fait en somme que mettre sa propre estampille sur un système qui fonctionne déjà : Lalonde a déjà entrepris de renforcer les lois et les industriels n'ont pas attendu les hommes politiques pour flairer, parmi les innocentes pousses tendres, l'odeur des fruits les plus savoureux. Négocier l'air pur! Allons! de beaux jours se préparent. Les marchands du temple vendant au plus offrant au nom de l'écologie l'essence des choses, doux Jésus! C'est du propre.

Tout requinqués, les journaux écolos en prolifèrent. Pas de la feuille de chou bio-militante. Du sérieux, du responsable. As-tu lu *Décision-Environnement?* C'est un mensuel destiné à « tous ceux qui prennent conscience du rôle de l'environnement dans le développement économique ». Aux décideurs, tes émules. Tu y apprendras comment dresser un éco-bilan de ta société, comme fit l'union des brasseries à l'occasion du lancement de sa nouvelle bibine, Harvest dry, nantie d'un emballage « éco-phile ». Comment procéder à un « audit environnement » avant de racheter une entreprise, afin d'éviter les mauvaises surprises concernant l'impact de tel nouveau joujou sur le milieu ambiant : ce que fait le groupe Pernod-Ricard avant d'avaler la moindre proie.

Cela peut te pousser sur la voie des bonnes affaires, cher ami. La distillerie Duriez, par exemple, a été payée 20 % de moins. Demain des directives communautaires, dites « éco-audit scheme », seront appliquées à toutes les entreprises européennes : autant te prémunir.

Tu y apprendras comment Antoine Riboud, patron de BSN, s'est vu confier par Brice Lalonde un rapport sur l'élimination des emballages. Comment Jean-Louis Beffa, président de Saint-Gobain, s'est vu confier un second rapport sur la mise en pratique des recommandations du précédent. Comment Yves Piétrasanta, président de l'ANRED (Agence de récupération des déchets), s'en est vu demander un troisième sur le recyclage des plastiques et comment l'ex-ministre de l'Industrie en a commandé un quatrième sur les déchets en général, industriels en particulier, à Jean-René Fourtou, le PDG de Rhône-Poulenc. Ce qui confirme que l'écologie est une poire trop juteuse pour être laissée entre les mains des rigolos-écolos dans ton genre.

Et t'aura permis de découvrir sans trop de surprise, dans les quotidiens du 16 décembre 1991, la parade tentée par les industriels pour éviter la taxe dont Brice Lalonde les menaçait : « mobiliser les industriels dans un programme volontariste d'amélioration de leurs procédés ». Au lieu de 20 francs obligatoires par tonne de déchets : rien. De la bonne volonté.

Ce qui n'a évidemment pas de prix, tant que la concurrence étrangère ne s'en mêle pas.

Tu sauras comment une équipe de l'Institut de recherches en biotechnologie de l'ex-Berlin-Est se penche en ce moment sur un problème angoissant : se débarrasser des carcasses en duroplastique des Trabant, les voiturettes maxi-prolo-polluantes de chez les rouges, impossibles à broyer. En les faisant boulotter par des bactéries voraces. Marque écolo déposée. Une petite fortune en perspective.

Comment la société Lever, le célèbre groupe qui blanchit les lessives aussi sûrement que les banques suisses nettoient l'argent crasseux, a lancé un nettoyeur liquide super-à la coule. Comment des légumes rares comme le potimarron, le purple, la tomate-pêche ou la melonette juspée représentent un « nouveau créneau » pour l'agriculture de pointe. Sans compter la brèdemafane qui laisse une impression de fourmillement dans la bouche, cuite avec du riz; la courge-spaghetti au goût de pâtes; l'amarante à larges feuilles qui se cuisine comme l'épinard; la margase, qui peut se farcir comme la courgette; l'aubergine-œuf qui s'accommode en beignets; le pâtisson, à faire en vinaigrette, et tous autres des 150 légumes aux goûts aussi inédits que savoureux recensés au centre de Balandran dans le Gard, près de Nîmes.

Auxquels je me dois, avec un plaisir non dissimulé, d'ajouter le crambe maritime qui se marie si bien avec les coquilles Saint-Jacques crues, l'hélianti qui t'encanaille, en mousseline, une côte de bœuf, les crosnes, à apparier avec un arrière de lapereau, le cerfeuil tubéreux délicatement sucré, pour les côtes de veau poêlées, ainsi que toutes autres recréations du professeur Jean-Yves Péron, chercheur en espèces légumières à Angers depuis vingt ans, et dont la société Légume-Plaisir répand les dernières trouvailles. Autant de facéties pour épater ton entourage, qui ne sont pas encore, pour l'instant, à la portée de toutes les bourses.

Tu sauras en outre comment te débrouiller, en cas de drame avec ton voisinage, lorsque tu auras par mégarde poussé le bouchon polluant trop loin, pour régler tes problèmes de communication grâce à des agences spécialisées.

Comment, toutefois, les Galeries Lafayette ont ramassé un gadin avec une opération « environnement » mal préparée.

Bref, tu es impardonnable de refuser dès à présent de faire fortune avec ton dada écolo. Inutile de sangloter. L'écologie de marché a bel et bien déjà pignon sur rue. J'espère que tu ne t'enterreras plus longtemps dans tes mini-rêveries bio-potagères en clamant à tous les vents porteurs de pluies acides : *Small is beautiful* et Vive la croissance zéro.

Small is beautiful : tu te rappelles? C'était le titre de l'ouvrage de l'économiste britannique Ernst Schumacher, promoteur d'une « société à la mesure de l'homme », le maître à penser de Jerry Brown, gouverneur écolo de Californie, et du rêveur président Jimmy Carter dit « Cacahuète », pour ce qu'il avait le cerveau aussi dense que des corn-flakes. Ce ne fut traduit en français qu'en 1978, mais quel régal! Le diagnostic était incontestable. Hôpitaux, écoles, villes, États, multinationales : on découvrait que les structures modernes, les architectures stalino-mussoliniennes ou mégalo-inspirées n'étaient plus à l'échelle humaine. La société s'était déshumanisée. Nous étions perdus parmi les buildings et les supermarchés comme le petit Poucet dans sa forêt trop vaste. C'était devenu une mode, une rengaine. Je soupçonne même certains snobs d'avoir alors fréquenté des femmes naines.

Ses remèdes, avec le recul, se sont révélés d'une efficacité discutable. Il fallait, disaient les admirateurs de néo-Lilliput, réinventer des technologies douces, des unités de production réduites, une croissance infime, des cités de bonne pointure, un mode de vie inspiré du bouddhisme – deux millions de villages, et le monde et le tiers monde, dont tout le monde se moque comme du quart, seraient sauvés. Alors enfin la sagesse reviendrait sur la terre.

Pourquoi pas? Cependant la croissance s'étant involontairement réduite depuis vingt ans, jusqu'à frôler le rien du tout en ce début de 1992, l'expérience a eu lieu *in vivo*. Il a fallu serrer les ceintures sans le faire exprès. Chômage, misère, racisme et désespoir ont bourgeonné au Nord. Au Sud, le taux de croissance flageolant vers le négatif a provoqué la perte d'innombrables bestioles humaines : il faut bien changer la société, n'est-ce pas? Vaste programme auquel Platon, Jésus et Marx se sont attelés. Pour aboutir au Coca-Cola. Chassons donc le Coca-Cola, répliques-tu, sans t'apercevoir qu'on a déjà profité de toi pour mettre en vente un Coca réputé écolo.

Le culte du petit pourra-t-il jamais servir de modèle de développement?

Si tu demandes leur opinion aux petits commerçants en proie aux grandes surfaces, ou aux petits paysans victimes des trusts, la réponse risque de se révéler folklorique. Parles-en ensuite aux petits Libanais, aux petits Éthiopiens, aux petits Serbo-Croates, aux petits Maliens, aux petits Libériens, aux petits Albanais, aux petits Kurdes d'Iran, d'Irak et de Turquie, tous citoyens de pays restreints. Que pensent-ils de la chance qu'ils ont eue de se trouver nus et fragiles sous les bombes? Les survivants te répondront que tu as dû te tromper de galaxie. Au ciel de l'utopie, au sein d'une humanité réconciliée, ton système Schumacher peut sûrement fonctionner. Sur notre terre actuelle, telle qu'elle bredouille et gigote, il mène au désastre.

Le passage à un niveau plus évolué de la conscience planétaire est évidemment souhaitable afin de parvenir à un âge adulte de l'humanité. Mais comment y arriver sans que les rapaces qui guettent leur proie à chaque détour de l'Histoire se ruent sur le plus faible afin de le dépecer? Ce n'est pas clairement décrit dans les manuels. Ou bien personne n'a dû comprendre. Lénine, qui d'ailleurs voyait grand, y avait bien pensé : sa méthode a abouti à des carnages, puis à un désastre que guettaient les hyènes putrides. Un peu d'utopie, merci. Beaucoup d'utopie : bonjour les débris.

En Yougoslavie, il n'a pas servi à grand-chose, me semble-t-il, aux habitants de Skopje assiégé, de scander sous les rafales *« Small is beautiful »* avant de se faire massacrer sous les yeux des représentants mondiaux des organisations les plus mondialistes du monde. Les victimes pratiquaient pourtant, par force d'ailleurs, quelque chose qui ressemblait à de l'autogestion, à de la polyculture et à de la petite propriété, sans grand souci écologique, je le concède. Mais le fait de se trouver minoritaires dans un pays lui-même sans prétention hégémonique n'aurait-il pas dû leur valoir, selon Schumacher, quelques billets d'indulgence à titre de pionniers?

Les chantres du petit n'ont pas évité la moindre catastrophe et, s'ils prenaient le pouvoir, on ne voit pas ce qu'ils empêcheraient de plus. A mesure qu'enflait leur courant aux États-Unis, jusqu'à devenir un lobby puissant, des secousses toujours plus terribles ensanglantaient la planète. L'austérité volontaire, faut-il le dire, n'a remporté de véritables succès que dans les pays les plus riches du monde : comme s'il était plus facile de critiquer la société de consommation de l'intérieur, au sein de nations qui gaspillent 80 % de l'énergie mondiale, avec 25 % de la population.

Des milliards d'individus souhaiteraient sans doute accéder au même sens critique. Et le feraient à condition de se trouver, eux aussi, dans l'œuf.

Dans un livre à l'usage des grands enfants que nous sommes, publié par Les Amis de la Terre chez Casterman, à l'occasion des fêtes de Noël 1991, *Sauvons la Terre,* on peut découvrir en images un fort bon catalogue de nos péchés : « Nous avons empoisonné les sols et les rivières. Nous avons déversé du pétrole dans les océans et sur les côtes. Nous avons altéré l'équilibre vital de la planète... Nous avons infligé des dégâts effroyables à la Terre au nom du " progrès ". Nous nous sommes également détruits les uns les autres. Nous l'avons fait en connaissance de cause, par les guerres, la violence, le racisme, le mépris des droits de l'homme. Nous l'avons fait, moins consciemment, par le biais d'un ordre mondial qui maintient le tiers monde dans la pauvreté et réserve les privilèges et les pouvoirs à ceux qui s'accommodent des injustices les plus flagrantes. Les habitants des pays riches ont appris, pour la plupart, à rester indifférents à des niveaux de souffrance et de misère qui devraient pourtant nous faire vivre en état de choc permanent. »

Mea maxima culpa. Fort bien. Mais ensuite?

Depuis les 40 000 enfants agonisants par jour dans le tiers monde, jusqu'au naufrage de l'*Amoco-Cadiz,* depuis l'explosion de l'usine chimique de Bhopal en Inde en 1984 (2 300 morts, 170 000 intoxiqués), jusqu'aux essais de bombes nucléaires et aux famines du Sud-Sahara : pas un faucon pèlerin assassiné par le DDT, pas un cadavre de lamantin, pas une aristoloche veinée en panne de nourriture ne manque à l'effroyable fresque. Et puis?

Pour les remèdes, hélas, c'est moins précis. « La science et la spiritualité arrivent à la même conclusion : la destinée de l'homme est inextricablement liée aux autres espèces vivantes. La terre n'est pas seulement notre maison, mais aussi notre " mère " à tous, une planète vivante, un lien sacré. »

Moralité : il faut « bâtir une politique nouvelle... Le temps commence à nous manquer... Nous disposons des techniques qui nous permettraient de faire de la Terre une planète verte ». Waechter n'est pas loin.

Mais encore plus précisément? « Réduire de 10 %

sa consommation individuelle de gaz et d'électricité d'ici l'an prochain.

« Écrire à son directeur de banque pour l'exhorter à effacer la dette du tiers monde.

« Réduire le kilométrage de chaque voiture de 25 % en un an. Marcher, rouler à vélo et utiliser les transports publics.

« Aider à l'organisation du recyclage des déchets au travail, à l'école ou à la maison.

« Planter dix arbres cet automne et en prendre soin jusqu'à ce qu'ils soient bien enracinés.

« Consacrer plus de temps et d'argent aux organisations d'aide au développement et de protection de l'environnement. »

Dans ces conditions, vous recevrez l'absolution. On dirait la liste des bonnes résolutions prises par les scouts à l'occasion du prochain jamboree.

C'est épatant, généreux, touchant, sans doute pas tout à fait inefficace. Ils ont un cœur en or dans ces organisations de missionnaires des temps modernes, baptisées d'un sigle qu'on prendrait pour un cri de primate en rut, les ONG (Organisations non gouvernementales), telles que Les Amis de la Terre. A force de colmater les brèches laissées par l'effondrement des traditions, de réparer les mauvais coups, de préparer les esprits au renouveau, ces microprocessions de fourmis charitables sauvent – un peu – l'honneur de l'Occident. Mais enfin, cela revient à coller des bouts de sparadrap sur des plaies béantes.

Au-dessus, gronde une guerre inlassable et sauvage en pleine paix : pour la puissance et pour l'argent.

Je sais bien que c'est à combattre cette tare des

sociétés humaines, mon écolo, que tu t'attelles avec les Verts : bonne chance. Je vibre de tout cœur avec toi. Mais si l'on n'a pas la foi?... Or ton écologie est un acte de foi.

L'écologie, cette science, on le disait, fort louable, a donné naissance à une religion dont tu t'es fait l'un des fidèles. Elle s'appuie sur le culte d'un couple bienfaisant : le dieu bio et la bonne mère Gaia, la Terre, déité adorée dans les anciennes mythologies, convertie dans le goût du jour en un grand vaisseau cosmique pensant, façon *2001 Odyssée de l'espace*. Se mettre en symbiose avec elle est le Graal des temps modernes.

Que cette religion se soit engouffrée dans les failles laissées béantes par nos religions majeures en état de faiblesse, marxisme et christianisme, n'a rien pour m'étonner. Tes vœux de paix et de sagesse n'ont rien non plus de maléfique. Mais ta quête d'un jardin d'éden, peuplé d'hommes régénérés baignant dans la Nature vierge et mère, entretient bien des confusions. Ainsi, nous pourrions retourner nous blottir par enchantement dans le ventre de Gaia? C'est divin. Mais est-ce très raisonnable? Cela peut porter aux illusions. La baguette magique du sourcier capable de régénérer la race humaine et de muer les émules de Hitler, Staline, Ceausescu ou Kadhafi en bons Samaritains, puis les bipèdes en gentils moinillons tibétains vêtus de robes safran n'a pas été inventée. D'ailleurs Hitler ou Kadhafi, Ceausescu ou Staline se sont pris pour ce sourcier-là. Les révolutions, nationales ou internationales, ne cassent pas des briques, mais à coup sûr des babioles délicates comme la démocratie. En un mot, il me semble que tu as tendance à croire au père Noël. Or, le père Noël, cette ordure, ne trouve même plus grâce, tu le sais, aux yeux des iconoclastes contemporains.

Rappelle-toi le grand secret : pense à la prose de Monsieur Jourdain. Et songe que certains en profitent plus que d'autres : ceux qui en tirent autorité et se poussent du col pour la gloire, l'argent, le pouvoir ou les trois.

Tu comptes beaucoup, par exemple, sur les retombées de la conférence de Rio en ce mois de juin, le « Sommet de la Terre », destinée à permettre aux dirigeants du monde entier de jurer qu'ils nous sauveront du gouffre, et à nommer des commissions d'étude *ad hoc* pour chaque problème.

Parmi les priorités, affirmaient les 850 ONG réunies à Paris en décembre de l'année précédente, « la protection des forêts tropicales, liée à la réforme du foncier et à la remise de la dette, la lutte contre l'effet de serre incluant une réflexion sur les transports, les économies d'énergie et la réduction des pollutions, la protection des bio-diversités et du patrimoine commun ». Fort bien.

Mais si les représentant du Brésil n'avaient pas la même optique que toi sur le massacre de la forêt amazonienne? S'ils n'avaient pas l'intention de renoncer à son exploitation? Il en va, en effet, à leurs yeux, du développement de leur pays. A l'autre bout de la corde pour nous pendre, tu devines que le citoyen de Dallas (Texas) n'est prêt à renoncer à aucun de ses privilèges de sur-consommateur, à moins d'y être obligé. Et son avis pèse lourd dans la balance électorale américaine.

Tu sais aussi que la dette du tiers monde représentait encore inexorablement 1 350 milliards de dollars (7 317 milliards de francs) à la fin de 1991, et que le taux de remboursement, intérêt et principal compris, voltigeait, au dire des experts du Fonds monétaire international, aux alentours de 176 %. Quant aux effets de l'effet de serre sur l'économie mondiale, avant même que le fer soit engagé, ils échauffaient déjà les esprits.

La Commission de Bruxelles voulait en effet, en décembre 1991, créer une éco-taxe, la première de cette sorte jamais imposée. Son objectif : stabiliser les émissions de gaz carbonique, soupçonnées d'être le facteur principal du réchauffement de la planète, au niveau de 1990. Et pour cela punir, ou si l'on veut rançonner, tout ce qui produit de l'énergie non renouvelable à partir du charbon, du gaz, du pétrole, et même du nucléaire et de l'hydroélectricité, à concurrence de 3 dollars par baril d'équivalent-pétrole. Avec augmentation d'un dollar par an, pour atteindre un montant final de 10 dollars en l'an 2000.

Si tu avais vu la tête des industriels concernés, de Francfort à Barcelone! Celle des ministres de l'Économie et des Finances! Celle, surtout, de notre représentant! Comment? Nous, Français, les meilleurs élèves de la classe grâce au boom de l'énergie nucléaire (pourvu qu'il n'y ait pas trop de booms), donc non polluante (enfin pas de cette manière), nous irions payer pour ces cochons de Grecs, de Portugais, d'Irlandais, de Belges ou d'Anglais? Nous irions nous infliger des pénalités sans tenir compte des industries polluantes proliférant à T'ai-pei ou Singapour? « On veut lutter contre l'alcoolisme en taxant le jus d'orange! » s'est écrié vertueusement notre énergique ministre Dominique Strauss-Kahn.

Et la compétitivité avec les entreprises américaines et japonaises, qu'en faites-vous? ont renchéri les hommes d'affaires. Les industries qui consomment beaucoup d'énergie, comme celles de l'aluminium, se trouveraient pénalisées par rapport à leurs concurrentes étrangères qui ne veulent pas entendre parler de taxes.

D'où un débat labyrinthique où est évoquée la perspective de montants compensatoires perçus à nos frontières, d'exonérations pour les industries lourdes et de toutes sortes de « pondérations », c'est le maître mot. Voilà le marais où s'enlisent les idées les plus généreuses, mon vieux copain, mon cher ami toujours aussi Vert. Encore peut-on observer que personne n'a pour l'instant mis en question l'hypothèse même du réchauffement de la planète, qui n'est pas scientifiquement démontrée à l'heure où j'écris ces lignes, tu vas voir comment tout à l'heure.

De son côté, dans sa livraison de décembre 1991, à propos de l'Afrique, *Écologie-Infos,* bimensuel vert pur et dur, évoque la nécessité de « concilier les enjeux du développement et la sauvegarde de l'environnement ». C'est en effet le chas de l'aiguille par lequel doit passer le chameau du Sahel – comme le gnou du Gabon.

Pour y parvenir, il est bien entendu question d'une « mobilisation financière importante permettant d'assurer la prise en compte de l'environnement par le Sud ». Payée par qui? Je ne voudrais pas être à la place de l'élu de la Creuse ou du désert breton qui aura soutenu le gouvernement porteur d'un tel message humanitaire.

Les 250 scientifiques réunis à Vienne, en Autriche, à la mi-décembre 1991, sous l'impulsion de l'ICSU (Conseil International des unions scientifiques), une émanation de l'ONU, en présence de Maurice Strong, secrétaire général de la conférence de Rio, ont évidemment mis le doigt sur la plaie : elle est béante. « Les problèmes scientifiques de l'environnement sont indissociables du développement », ont-ils déclaré. Traduction libre : aucun accord international significatif, hormis de la poudre aux yeux, ne peut être conclu à Rio, tant sont vives les oppositions entre pays du Nord et du Sud. D'ailleurs, « l'absence d'efficacité des actions qui ont jalonné le chemin des sciences de l'environnement depuis vingt ans est frappante. Comme l'inanité des motions édictées par les institutions internationales dont la création a déjà accompagné les précédentes avancées scientifiques ».

Le gouverneur de l'Amazonie résume la quadrature du cercle terrestre en une formule lapidaire : « La volonté des défenseurs de l'environnement, c'est de transformer l'Amazonie en un cirque dont nous serions les singes. Les crocodiles leur importent davantage que les gens. » Avec nos larmes, nous voilà démasqués. Et d'expliquer que son pays est très pratique pour les Occidentaux comme gisement gratuit de variétés génétiques, comme climatiseur, et comme thermostat pour leurs entreprises folles.

Un point de vue certes exotique pour nous, gens du Nord, mais qui ne manque pas de force. Le Premier ministre de Malaisie, pays dont les plus sûres ressources sont les essences précieuses, fait, lui aussi, feu de tout bois. « Boycottez nos ventes et notre mort est assurée », répète-t-il. Et tous martèlent : vous prétendez vouloir sauver la « diversité biologique » dont nous sommes, au Sud, les gardiens? Alors, rangez les découvertes que vous avez faites sur le patrimoine génétique humain, après avoir tant saccagé, dans un fonds de placement commun dont nous pourrions nous aussi bénéficier.

Vous vous inquiétez du réchauffement de l'atmosphère : mais n'est-il pas dû surtout à vos voitures et à vos usines? Quant à culpabiliser, avec un rapport récent des Nations unies et du World Ressources Institute, l'Inde, la Chine et le Brésil, pour le méthane produit par leurs vaches ou leurs rivières, c'est une sale blague. D'abord les chiffres sont sollicités. Ensuite, vous confondez les émanations dues à votre luxe, avec celles de nos survies. Pourquoi toujours parler de pollution et jamais de notre développement? Nous croupissons, écrasés jusque par-dessus la dette, par l'effondrement des cours des matières premières.

Pourquoi ne pas calculer la pollution au prorata du nombre d'habitants de chaque pays? Ne serait-ce pas profondément humanitaire? Sur cette base, observe Charles Condamines, directeur de l'Institut Panos, dans le numéro hors-série de décembre 1991 de *Réalités de l'écologie,* l'Inde, par exemple, qui représente 16 % de la population mondiale, aurait encore un large crédit pour fabriquer des gaz à effet de serre. « Si, pour le seul carbone, elle vendait le quota qui lui reste, à 15 dollars la tonne, les pays riches devraient lui payer 10 milliards de dollars par an. »

Ces gens du Sud se conduisent en somme comme des adolescents en plein âge ingrat : pas moyen de leur faire éviter les erreurs que nous avons commises. Ils veulent tout de suite le compte en banque, l'appartement, la bagnole...

Et, comme dans les relations entre parents et enfants, il faut bien reconnaître que les discours planétaires dominants sont l'apanage des aînés. « Si un organisme supranational était créé, il ferait de nous les préposés au gardiennage de nos ressources naturelles », persiste le délégué malais.

Ainsi, sous prétexte d'écologie, essayer d'interdire aux peuples du tiers monde d'atteindre le niveau de gaspillage auquel les Occidentaux ont depuis longtemps accès est de leur point de vue pour le moins hypocrite. Les délaissés concluent aussitôt à la naissance d'un colonialisme vert. Dur à entendre, ne trouves-tu pas? « Dans ces conditions, on ne voit pas ce que le tiers monde est en mesure d'attendre des gouvernements occidentaux en matière de modèle de développement et de gestion écologique – ils montrent l'exemple à ne pas suivre, écrit Philippe Mailhebiau dans *Le Lien* de décembre 1991. On ne peut que les encourager à la plus grande méfiance envers les solutions que ceux-ci proposent. » Moi qui nous prenais pour de vraiment bons apôtres! La situation mondiale est moins simple que tu ne te plaisais à me le raconter.

Un exemple entre mille des contradictions qui pleuvent : après avoir hésité pendant plusieurs mois, la Banque mondiale vient d'accorder, à la fin de

1991, un gros crédit pour la construction d'un barrage en Thaïlande, malgré l'hostilité des paysans qui vont être déplacés, et celle des écologistes locaux, de plus en plus nombreux. Les Thaïlandais sont pris entre deux feux, commente *Le Monde* du 13 décembre 1991. « D'un côté, des années de développement sauvage, au prix de graves dommages portés à la nature, commencent à provoquer une prise de conscience... De l'autre, avec la forte expansion économique du pays, la consommation d'électricité a doublé ces deux dernières années et devrait de nouveau doubler d'ici à la fin du siècle. » Les insolents qui nous singent et veulent nous rattraper! Nous doubler, pourquoi pas? Et les séjours paradisiaques à Bangkok parmi les masseuses expertes et les garçonnets lubriques, est-ce que les grossiums de Hambourg, chargés de marks et si soucieux d'écologie chez eux, devraient y renoncer pour cause de progrès? Ce serait inhumain.

Autre cas de pays en crise : l'Indonésie. Une étude d'*Écologie-Infos* (janvier 1992) raconte comment d'énormes territoires de forêts à Bornéo sont dévastés par les grandes compagnies d'exploitation du bois, avec l'accord de la dictature : d'où clochardisation et mort des tribus autochtones sous la poussée des bulldozers. « Les exploitants creusent des routes avec des engins lourds pour atteindre les arbres convoités et acheminer les troncs coupés. Ils laissent sur place les lianes, les branches, les souches, les arbres cassés. » D'où de gigantesques incendies. « En ouvrant ainsi la forêt, les exploitants industriels facilitent la progression des pauvres spoliés par les grands propriétaires » : le colonialisme intérieur sous prétexte de développement. « Dans les différentes îles, les gens sont déplacés par la transmigration par centaines de milliers, un programme démentiel qui, il faut bien s'en pénétrer, est soutenu par la Banque mondiale, la FAO, la Banque asiatique de " développement ", la CEE, les Pays-Bas, la France, et même des ONG comme la Catholic Relief Service... Pour " préparer " les sites où seront déversés les transmigrés, les hommes de Djakarta et les experts des sponsors internationaux rasent des milliers d'hectares de forêts denses parmi les plus riches du monde... Chaque crime commis en Indonésie contre les hommes et la nature compromet l'avenir de l'humanité et la biosphère à très court terme. »

Un témoignage à coup sûr impressionnant où, là aussi, « développement » et environnement s'opposent radicalement. Sans pour autant transformer ce pays en parc zoologique, la voie de la sagesse qui permettrait de l'ouvrir à un mode de progrès cohérent ne semble pas près d'être trouvée. Tu t'y acharnes : c'est ton mérite, il est immense. Et tu remporteras bien quelques victoires.

Mais le problème demeure entier : « Un quart de la population mondiale, les pays les plus industrialisés, consomment les trois quarts de l'énergie mondiale, ils émettent la majeure partie des oxydes d'azote, sans compter les pollutions accumulées depuis le début de l'industrialisation », aime à rappeler la Kenyane Shimwaayi Muntemba, directrice du Centre de liaison pour l'environnement international.

20 % de la population – nous –, dilapidant 80 % des richesses de la planète et contrôlant 75 % des humains actuellement en vie : comment Rio ne res-

semblerait-il pas à une tour de Babel? La première, et souvent la seule mesure écologique réclamée par les peuples du Sud, serait l'annulation de leur dette.

On peut à cet égard se demander si la réflexion narquoise de *Réalités de l'écologie* n'est pas la plus appropriée : « Lorsqu'on n'a rien fait, on publie un rapport, quand on ne veut rien faire, on convoque une conférence. »

Pardonne-moi de malmener tes joujoux. Mais il vaut mieux explorer, avant qu'ils n'implosent comme des télés de contrebande made in Hongkong, ce qu'ils ont dans le ventre. Tu oublies que tout le monde triche à ces jeux. Les belles paroles sont la parure des mensonges intéressés. Si je me trompe, mets du champagne de Géorgie au frais avec des t-shirts de Singapour, des magnétoscopes d'origine indéterminée, et toutes les contrefaçons, tous les rackets organisés à un niveau mondial par les plus grandes banques. Et n'oublie pas surtout d'inviter les patrons de l'agro-business qui affament les populations.

De Rio, qu'aurait-il fallu attendre? Des compromis. Des rattrapages. Des conventions, des motions, des pétitions de principe plus ou moins applicables et appliquées. Des requiem sur les 17 500 espèces défunctant par an. Des prêches sur l'érosion et les devoirs éthiques.

Pour les résultats tangibles, epsilon vaut mieux que rien. Et pour une fois, ce *small* est vraiment *beautiful*.

Combien, depuis Ramsès III et Assurbanipal, y a-t-il eu de ces rencontres vitales? Et qu'en est-il sorti? Entre fin du monde et *Brave New World,* de nouveaux partages. Toujours dans l'urgence : on se dépêche et l'on dépèce. Du moins l'humanité a-t-elle survécu. Tâchons de persévérer.

Cette fois, le moindre potentat aura répondu présent. Ce n'est pas si mal. Qu'espérais-tu de plus que des raccommodages et des pansements? En tenant compte des « aides » que nous lui versons, selon les calculs de Terre des hommes, le Sud nous offre chaque année, à nous de l'hémisphère Nord, 40 milliards de dollars. Pour ce prix on peut bien lui accorder une conférence et un peu de compassion. Assorties, pour le baume, de missions humanitaires. Il y a cent ans, les dames de charité collectionnaient bien les papiers argentés des tablettes de chocolat à l'usage des pauvres petits Chinois! Il nous tient à cœur de prendre soin de nos pauvres, et nous avons raison. A la manière dont les tauliers des bas-fonds veillent sur leur clientèle. C'est notre bas de laine. Il faut le préserver. Crois-tu sérieusement que nos hommes d'affaires – les tiens, les miens – y renonceraient, même au prix de quelques massacres?

Par bonheur, les gens sérieux remettent, il est vrai, de temps à autre, ces peuplades simiesques à leur place. C'est ce que vient de faire l'historien Jean-Christophe Rufin dans son facétieux ouvrage *L'Empire et les Nouveaux Barbares* (éditions Jean-Claude Lattès), où il explique comment nous, les Occidentaux, dépositaires des valeurs du droit et de la science, sommes assiégés par un tiers monde en furie, porteur de choléra, de sida, de cyclones, de typhons, d'ouragans, d'inondations, de tremblements de terre, de malnutrition, de scoumoune, de guerres tribales, d'anarchie, de chaos, de surpopulation, de concussion, d'irrémédiable *malocchio.* Contre eux, foi d'animal, nous devons nous défendre comme fit Rome contre ses Huns, ses Parthes et ses Scythes. Scandaleux? Sans doute. Rufin a simplement osé dire tout haut ce que beaucoup pensent tout bas. Quand ils pensent. Certains ne pensent rien, se contentant d'agir.

Ainsi faisons-nous régulièrement à ces sales pauvres des cadeaux un peu empoisonnés. Comme de leur expédier les détritus irréductiblement pourris dont nous ne voulons pas. Élégante manière de résorber chez eux la natalité galopante, cauchemar du commandant Cousteau. Un marché fructueux, en outre, et d'un bon rapport bilatéral : la mort lente contre une aumône, qui dit mieux? SOS résidus : une sorte d'ONG discrète, mais qui fonctionne épatamment.

Tout cela se triplant d'une lumineuse justification quasi philosophique. C'est une note interne de Lawrence Summers, l'un des principaux économistes de la Banque mondiale, publiée par le *Financial Times* (10 février 1992), qui en donne la clef : « Le calcul du coût d'une pollution dangereuse pour la santé dépend des profits absorbés par l'accroissement de la morbidité et la mortalité. » Tu n'as pas compris? Moi non plus, d'abord. L'honorable gentleman se charge de mettre les points sur les i : « De ce point de vue... la logique économique, qui veut que les masses de déchets toxiques soient déversées là où les salaires sont les plus faibles, est imparable. » On ne voit donc pas pourquoi, du point de vue du marché écologique cher à Alain Madelin, on aurait le moindre scrupule.

Bien sûr, tu n'es pas coupable. Il serait paradoxal de t'accuser : tu te bats sur tous les fronts et la plupart des victoires locales, c'est à toi qu'on les doit. Mais enfin, c'est bien l'élan écologique qui a provoqué ces effets pervers. En Occident, l'élimination « propre » des déchets revient à 600, parfois 1 000 dollars la tonne. Il n'en coûte que 60 à 100 dollars, transport et service compris, si l'on traite avec les affamés. Quel industriel sérieux, soucieux de son chiffre d'affaires, résisterait à un argument aussi puissant, à condition de ne pas être pris la main dans le sac poubelle?

Le trafic est d'autant plus difficile à freiner qu'il y a un autre aspect, plus diabolique encore : un pays au bord du gouffre ne saurait refuser cette manne toxique, si on la lui propose. En 1988, la Guinée-Bissau signait ainsi trois contrats à 40 dollars la tonne de pourriture, prix d'ami. Gain : 140 millions de dollars par an – plus que le produit national brut du pays. La plus importante, la plus réelle aide au développement jamais reçue de l'hémisphère Nord : tu comprends?

Donc tout le monde est content. Je ne dis pas cela pour te faire bisquer. Mais pour enfoncer ce malencontreux clou : le monde est moins facile à gérer, et son économie moins aisée à digérer que tes paroles d'évangile ne le présentent souvent. Bien sûr les 14 000 tonnes de déchets chimiques répandus par une société norvégienne sur l'île de Kassa, au large de Conakry, ont fait crever la végétation et les poissons : mais on n'a rien sans rien. Le Nigeria a découvert un beau matin une décharge de 4 000 tonnes dans son port de Koko. La Sierra Leone n'est pas en reste de résidus. Au Bénin, le président Kérékou, s'était, avant d'être limogé, engagé à accueillir jusqu'à 5 millions de tonnes d'ordures toxiques pendant dix ans. A 2,5 dollars la tonne : fais le compte. Tandis que toi et les tiens faites des scandales à la moindre ombre de décharge au fond d'un terrain vague, reconnais qu'avec un peu de ruse, de doigté et quelques bakchichs habilement distribués, ce numéro de prestidigitation est à la fois plus pratique et moins coûteux. Les « prises de conscience », c'est fort joli. Les prises de bénéfices passent avant. Je vois avec ravissement que tu te passionnes pour l'économie. Tu souhaites façonner une société où chacun gobe à gogo sans trop de bobo. Moi aussi. Mais il n'est pas si aisé d'éliminer les rançonneurs. Lorsque, grâce au programme des Verts, aura été mise en œuvre l'infaillible recette, mieux que les vaches en Inde, l'humain sera sacralisé. On n'en prend pas le chemin.

A peine si, de temps à autre, une mésaventure comme celle du *Zénobie* en 1988, ce cargo maudit, cet *Exodus* de l'excrément, errant de Toscane à Djibouti, de là à Puerto Cabello au Venezuela, puis à Cagliari en Sardaigne, à Tartus en Syrie, puis retour à Carrare, fait désordre dans le paysage. Personne ne voulait de la cargaison de fûts d'où suintaient des liquides verts, jaunes, rouges, toute une bouillabaisse d'extraits d'insecticides, de vernis, de produits pharmaceutiques, de dérivés du cyanure qui provoquèrent ulcères, bronchites, bubons étranges sur les 17 hommes d'équipage. Les autorités eurent toutes les peines de la terre à dissimuler cette décoction aux yeux de l'opinion publique, et à la faire acheminer vers un lieu de traitement approprié. Mais dans l'ensemble, on soupçonne ces échanges aussi courtois que clandestins de prospérer.

Comment? Que me chantes-tu? Des règlements existent? L'enfer est, par décret, proscrit? Bien entendu. Une réunion a eu lieu les 5 et 6 juin 1988 à Caracas, une autre à Bruxelles, où une convention avait d'ailleurs été signée l'année précédente. Et l'on compte sur Rio pour dénoncer, pour fustiger, pour menacer...

Dans les limites raisonnables, cela va de soi, de la liberté du commerce international, qu'il ne faudrait pas confondre avec une entreprise de *charity business*. C'est l'un de tes péchés mignons. Comme de prendre des vessies en peau de bébé phoque pour des lanternes vertes.

Un joli sujet de conversation, ne trouves-tu pas, pour le marché écolo du boulevard Raspail, ce petit paradis où il est si reposant de faire ses courses le dimanche matin, à l'enseigne du petit jardinier et du petit producteur? Là tout n'est qu'ordre et bottes de radis, et blandices des sens. Le miel n'y saurait davantage que le thym souffrir la moindre trace de radioactivité. Si la pomme a des bleus à l'âme, c'est qu'elle a su trouver toute seule, comme au temps jadis, le chemin du sol. On n'y fait fi ni de la laitue de mer ni du jambon d'un brun sombre pour n'avoir pas été traité. Gâteau de miel ou wakamé, tout est un peu plus cher, naturellement, que la peu ragoûtante production de masse. Mais, tandis qu'on choisit son rôti de veau sans hormones, on peut songer tout à loisir aux laissés-pour-compte du quart monde qui se satisferaient, tenez, d'un bol de riz de temps à autre – même un peu pollué – s'ils le pouvaient. Ou de n'importe quoi de lyophilisé, de surgelé (du dénaturé? quelle horreur!) pourvu que cela croque sous la dent. Comme c'est bon de pleurer : on se sent beaucoup mieux. C'est excellent pour l'appétit.

Une brave militante, l'autre jour, soupirait devant moi qu'une seule journée sans viande aux États-Unis et en Europe occidentale suffirait, si l'on reversait les bénéfices aux affamés, à nourrir pendant tout un mois des millions de galériens. C'est vrai.

Hélas, Madame, comme il est dommage que les repus aient toujours manifesté tant de réticence à se dépouiller au profit des va-nu-pieds! Nous leur faisons la charité : c'est une sainte obligation. Partager vraiment? Pire qu'une faute, ce serait une démarche contre nature.

Toi, bien sûr, je ne saurais te soupçonner de ce genre d'oiseuses réflexions. Tu cultives ta serre avec amour, sans trop de penchant pour les fuligineuses complexités de l'univers. Les grandes lignes de ton programme économique pour un monde meilleur, tu le sais, m'ont réjoui. Excepté sur un point : tu y surtaxais des travailleurs coupables de gagner trop en se donnant trop de mal, ce qui est très moche –

et tu avais raison. Mais tu oubliais d'y parler de ceux qui ne gagnent rien parce qu'ils ont la réalité de la fortune et que leur trésor se trouve hors d'atteinte, comme le vent. Ceux-là, gros malin, il faut les récompenser : car de l'île Moustique où est mouillé leur yacht, aux cent hectares en Sologne, ils savent protéger la nature contre les vulgaires prédateurs intrus.

Ah! tiens! tu me désoles. Tu ferais mieux, pour être dans le bain sulfureux de ce qui se trame et pour te décrasser la cervelle, de t'abonner à la lettre d'Alain Mamou-Mani, *Marketing Vert :* cela t'apprendrait au moins les stratégies efficaces. Ou de flâner du côté d'Ecopub', le «·festival européen du film publicitaire en environnement » dont le premier vient de se tenir à Amiens à la fin de novembre dernier : tu saurais tout. Comment, en particulier, soigner ton image en cas de « communication de crise » : ce qui n'est pas ton fort.

Tu me chanterais sur tous les tons le nouveau credo à la mode de chez nous : *« Riding the green wave »,* surfer sur la vague verte : le sport de compétition branché à l'extrême...

« De point de passage obligé pour cause de normes, l'éco-industrie devient un instrument, explique Jean-Paul Mulot. Un appât pour consommateurs soucieux de moins polluer. La prise de conscience écologique des acheteurs a servi de moteur : les entreprises... ont rapidement compris le bénéfice qu'elles pouvaient tirer de la mode verte » (*Le Quotidien de Paris,* 21 novembre 1991).

Tout se passe comme si la grande pirouette avait eu lieu : le saut de la mort de la planète. Les entreprenants entrepreneurs retombent tout naturellement sur leurs pieds après s'être servis de l'humus comme d'un trampoline : ils ont investi dans de la protection de la nature. Il faut que cela paie. Et le plus vite possible.

La technique suggérée par les spécialistes est limpide : « Donner une dimension verte à ses produits... Pour y atteindre, une charte pour l'environnement est conseillée, des produits, évidemment recyclables, sont indispensables, et des promesses (à l'horizon 2000, " le volume de déchets toxiques sera réduit de tant pour cent " ou " mieux gérer ses déchets ", etc.) feront bon effet. C'est ici que l'élément marketing, la publicité et la consommation intentionnelle – le tout nourri à grands coups de déchet et de colloque – font une entrée remarquée. La guerre écologique se double d'une guerre commerciale classique : valoriser l'image verte permet de mieux vendre. Même pour ceux que la lutte écologique ne concerne pas directement. »

C'est ainsi que la fondation Bull a lancé un programme baptisé ARBOR à l'occasion du dixième congrès forestier mondial. Pour une firme qui a choisi comme logo un petit arbre vert, cela coulait de source. Apple s'occupera sûrement de la commémo de Newton : cela tomberait pile.

De son côté, Canon a trouvé une astuce qui confine au génie : lancer à l'occasion du Sommet de la Terre un concours international de photographie sur l'environnement, visant à souligner l'importance de cette conférence. Son Altesse Charles, prince de Galles, patronne. La médaille d'or est de 20 000 dollars pour les pro, 10 000 pour les amateurs : de quoi replanter quelques arbres. « La participation de Canon à ce concours s'explique par sa philosophie qui l'a amené à se préoccuper de tout ce qui touche notre milieu de vie... recyclage des cartouches usées des imprimantes laser Canon, mise en valeur des piles solaires ou mise au point de procédés de production d'où sont bannis les CFC. » Philosophie? Et puis peut-être aussi respect des nouvelles normes, non? Pour plus ample informé, écrire à Tokyo à l'adresse indiquée.

Pour les secteurs directement menacés par les lobbies verts, les campagnes publicitaires apportent d'indispensables bouffées d'oxygène, quand elles ne relèvent pas de l'opération de survie. Ainsi les constructeurs d'automobiles allemands ont-ils eu l'habileté de parier sur le 100 % recyclable, rejetant déjà le pot catalytique et l'essence sans plomb au rang de vieilles lunes, quand nous en sommes à peine, en France, à préparer la guerre de 1939. Exemple : Opel. Ce n'est plus sur la vitesse, la sécurité ou le confort que la marque fait sa pub, mais sur le thème « voiture propre ». « Toutes les Opel sont recyclables à 90 %. » « Toutes les Opel ont déjà un catalyseur. Autant partir à la campagne en aimant la campagne. »

Et Volkswagen! « La seat Toledo a inventé l'éco-turbo-diesel : un diesel écologique. » Roulez, petits bolides!..

Pour que les choses soient plus simples, en 1988, a été créée par un groupe d'entreprises « Nature et Environnement », une structure du Fonds français pour la nature. C'est destiné à mettre en rapport « les sociétés à la recherche de programmes environnement, et les associations porteuses de projets nature ». Après les poids lourds comme Elf-Aquitaine, Rhône-Poulenc ou la Fondation Ford, nombre de welters se sont lancés dans l'exaltante aventure : Eagle Star, Vie, Quaker, Agfa Gevaert, Carrefour, la BNP, Bull, la Compagnie lyonnaise de banque – sans le regretter. Il existe deux types d'action, explique doctement *Le Figaro* du 27 mars en ses pages saumon : « l'action test », limitée dans le temps, et celle dite de « produit partagé », à mi-chemin du parrainage et de la promotion de ventes, à laquelle se livrent, par exemple, Knorr, Colgate-Palmolive, Mont-Blanc, Uhu ou Tetra-Pak. Plus une troisième, beaucoup plus chic, mais il faut disposer d'une fondation (pourquoi ne crées-tu pas la tienne?). Il en coûte entre 1 et 15 millions, mais c'est du haut de gamme. Exemple : le soutien financier sur trois ans d'EDF aux Réserves naturelles de France. Pourquoi ricanes-tu qu'EDF tente ainsi de faire oublier ses centrales nucléaires? Elf-Aquitaine, dont le pétrole ne contribuerait que trop, sans cette compensation, au vilain effet de serre, a lancé *Antarctica,* l'exploration du docteur Jean-Louis Étienne, et le *Radeau des cimes* au Cameroun. Rhône-Poulenc, champion toute catégorie des pollutions, j'y reviendrai, a choisi l'émission « Ushuaia » de Nicolas Hulot, diffusée sur TF1. La liste est infinie, d'IBM, qui a offert 60 ordinateurs pour la formation des membres des parcs naturels régionaux, à Total, qui s'est lancé dans les recherches sur le palmier-dattier.

Pourquoi tant de soudaine philécologie? Parce qu'ils y croient, dur comme du bois, oui, oui, c'est entendu. Mais aussi, explique Anne-Marie Sacquet, présidente de l'agence spécialisée Barter, parce que c'est « une façon offensive de se préparer à la concurrence internationale des marques. Dans ce contexte, et à qualité égale de produits, les firmes sympathiques parce que socialement responsables, prennent l'avantage ». Ainsi, Rhône-Poulenc, toujours aussi mal coté chez les écolos, « recueille-t-il aujourd'hui la sympathie du grand public ».

Pourquoi te mettre martel en tête? Nous voici à chaque pas éclairés, langés, sponsorisés, scrutés, sondés, téléguidés dans nos plus secrets plaisirs par une écologie motivée par des impératifs commerciaux, certes, mais tellement affectueux! Nous baignons dans son environnement médiatique comme des enfants gâtés dans des bains d'algue verte.

De quoi vas-tu te plaindre? De ce que la société de consommation te double sur ton propre terrain? Eh! c'est que tu n'as que trop gagné! Jugerais-tu abusif le soudain badigeon vert qui peinturlure tout? Toi, le vert-tueux, il te choquerait que la finalité discrète de tant d'agitation soit *naturellement* de gagner de l'argent?

Je ne peux pas te donner tout à fait tort.

Rare citoyen d'un éden privilégié, tu défrichais à la main ton exquis pré-carré : ils attaquent au bulldozer, sur grande surface. Curieux retournement que tu as provoqué sans l'avoir souhaité : la croissance zéro était ton modèle, avec le Club de Rome, il y a vingt ans. Voilà leur écologie lancée au secours de la croissance. Avec ses chantres, ses grands prêtres, ses thuriféraires. Et toi, largué. Ou, bien embêté.

Qu'es-tu devenu? Je m'inquiète de ton sort. As-tu pris ta carte verte chez Antoine Waechter? Ta carte rose chez Lalonde? Te contentes-tu d'être agissant sur le terrain : un militant de choc et de soc de charrue, au service de trois des quatre éléments, l'air, l'eau, la terre – intransigeant avec le quatrième, le feu du nucléaire?

Ou bien t'es-tu entiché d'autres combats à coup sûr essentiels, mais plus discrets?

Tant de tes amis, depuis vingt ans, ont plongé dans des voies parfois étranges. Ils ont rêvé, transcendé, cosmogonisé, vasouillé, convaincus d'avoir déniché la pierre à briquet philosophale qui illuminera le monde, quand ils n'ont pas établi le court-circuit définitif entre le haut et le bas, la terre et les éthers, sans jamais, c'est juré, disjoncter.

Peut-être pratiques-tu la géo-biologie, cette science qui permet au petit bout de bio que nous sommes d'entrer en contact avec le super-bio, grâce au pendule. J'aimerais, pour notre sauvegarde à tous, te savoir capable de détecter la présence des « entités maléfiques », des « mauvaises soupes d'ondes » et des méchants bouillons de culture électromagnétique grâce au « quadrillage du champ terrestre, dû aux travaux du docteur Karl Ernst Hartmann à Heidelberg ».

As-tu adhéré à un « cercle holistique », sous l'égide de l'association Holos Brazil et de la fondation Cité de la Paix, animée par Pierre Weil au Brésil? (Ils ont d'ailleurs là-bas une action tout à fait positive.) Il suffit de se réunir à une dizaine de copains-copines pour former un tel cercle. Cela permet de « jeter des ponts sur toutes les frontières qui divisent actuellement les hommes, en eux-mêmes et entre eux et les éloignent de la nature ». T'es-tu initié à une approche holistique (holopraxis), telle que « la méditation, l'arrangement floral, la marche dans la nature ou le bénévolat »? As-tu atteint la communion transcendantale avec le grand Tout grâce à une relation évolutive? Cela ne mange pas de pain. Plutôt de la galette de soja. Pour toi qui as déjà accédé à un haut niveau de conscience écologique « basée sur les principes de l'unité de la vie et de l'inter-relation de toutes choses », c'est facile : ton passeport pour une vision holistique, tu l'as dans la poche. Ainsi peux-tu tendre vers « l'auto-perfectionnement », qui est la « conséquence naturelle d'un style simple et harmonieux, où la soif de pouvoir et l'accumulation de biens matériels sont remplacées par la recherche de valeurs culturelles et spirituelles plus élevées ». Je m'en réjouis. Les disciples de « Mère », depuis Auroville, te mandent leur bénédiction.

Ainsi que les 15 millions de membres des associations de pauvreté volontaire aux États-Unis, 15 millions! Des villages, des quartiers, des réseaux entiers de consommateurs économes et qui se veulent conscients. Ils ont toujours été lyriques en la matière, les Américains. Depuis Henry David Thoreau et sa vie en autarcie, à Walden, dans les bois (ce n'est pas d'hier, il est mort en 1862), depuis son maître à penser Emerson, Henry James, Hawthorne, qui n'ignorait rien des illuminés transcendantalistes, ni de Fourier, c'est une vieille tradition chez eux que la mystique de la Nature. A San Francisco avec

Alan Watts, puis à Esalen près de Big Sur (Californie), ou à Los Angeles, ils ont tout essayé. L'écologie vulgaire telle que nous l'entendons n'est que péripétie. L'important, c'est évidemment de participer à quelque communauté initiatique avec transes télépathiques permettant de batifoler avec l'esprit des plantes, en profitant d'une grande secousse tellurique due au Peyotl et à don Juan, le sorcier Yaqui cher à Carlos Castaneda, plus une pincée de LSD pour la défonce du territoire des dieux. Si rien de tout cela ne t'a intéressé, ton cas est désespérant. D'autant qu'entre « l'intégration posturale aux herbes de Provence et l'extase corporelle dans le haut Larzac pour " gardarem lou Forme " », la déferlante a largement gagné la France.

Parlons net. Est-ce qu'à ton « écologie de la nature » correspond une « écologie sociale », qui soit en phase avec ton « écologie intérieure » pour « gardarem lou look »? Autrement dit, atteins-tu à volonté l'état alpha? Je te le souhaite. Et si ton chien vient à tomber malade, n'oublie pas de consulter le *Guide pratique de l'homéopathie holistique pour animaux domestiques,* du docteur Bernard Sepieter, aux éditions Lettres du monde : ton estimable compagnon est un être vivant aussi raffiné que toi.

Je me souviens que tu possèdes les œuvres complètes de Lanza del Vasto. *Pour éviter la fin du monde* (éditions du Rocher), ouvrage d'une actualité aussi brûlante que permanente, est, depuis belle chevrette, ton livre de chevet et je ne me moquerai certes pas du feu sage barbu, c'était un brave homme. Mais te nourris-tu toujours de biscuits achetés chez un spécialiste naturo-diététique, en fonction de ce que te commande l'horloge biologique que tu t'es procurée à Créteil pour 150 francs? Sophrologie, gestion du stress, drainage lymphatique, kinésiologie n'ont, je suppose, plus de secrets pour toi, et tu as su développer ton énergie vitale grâce au phosphénisme. Mais as-tu « créé ta vie comme une œuvre d'art avec le cours AVATAR »? Pratiques-tu « l'oxygénation catalytique »? Es-tu devenu « Rose-Croix d'or » avec le groupe Aquarius? T'es-tu procuré l'indispensable *Crises, catastrophes, survie,* manuel sans lequel tu ne peux venir à bout de ce qui te menace au quotidien? T'es-tu rendu ponctuellement au salon des Médecines naturelles et de l'Habitat sain, organisé par le cercle des Sphinx à Nancy? Au salon Naturissima pour la nature et l'environnement, à Grenoble? Au salon Marjolaine à Paris? Parmi des piles de documents sur tant de « lunettes de relaxation » avec musique dérivante pour déconnecter les neurones, tant de petites pyramides pour conserver la viande fraîche, as-tu pensé à apporter toi-même tes produits sains pour les y vendre?

Tu pourrais, par exemple, y caser ta gelée royale et ta bonne huile d'onagre, « pour stimuler l'immunité, sans solvant chimique, pressée à froid », comme en vendent déjà Germinal, le supermarché biologique d'Auxerre, Hermès, l'aimable coopérative du vieux Troyes, et Horizon vert, le premier libre-service du genre, sur l'île Beaulieu, à Nantes.

J'ai appris dans la revue *Sources,* que le secret de l'équilibre consistait à passer de l'égologie, qui est le culte du moi, à l'écologie, qui est l'ouverture sur les autres, et permet d'accéder à une véritable relation humani-terre. Je me sens indigne d'aussi grands travaux, mais toi! D'ailleurs *Sources* est un journal de haute volée : après un entretien avec Jean-Marie Pelt, professeur de biologie végétale à l'université de Metz et président de l'Institut européen d'écologie, sur « L'Éthique de l'environnement », on trouve de bien rafraîchissantes publicités. « Eutonie : Instaurer le dialogue avec cette part de soi qu'est le corps. » Ou bien : « Retour aux sources amérindiennes : Tipi sweat-lodge, avec des spécialistes de la vie en milieu naturel. » Et encore : « Marche sur le feu : un moment de célébration et de joie. » « La respiration holotropique par le docteur Stanislas Grof », qui permet de vivre « l'identification à la conscience cosmique » : une sorte d'état supra-écologique en somme. Plus toute une série de stages et de séjours dans l'Auvergne préservée, en Toscane, ou dans des coins charmants des Alpes-Maritimes, pour se retrouver au contact de la mère nature – le modèle tous terrains nous venant des États-Unis avec, par exemple, ces stages *Outward bound,* « Au-delà des limites », qui permettent de pratiquer le rafting sur la Green River ou dans le canyon du Colorado. Pendant douze jours, businessmen, PDG, cadres sup d'Exxon ou d'IBM abandonnent la piscine et les gadgets quotidiens. Ils laissent la Cadillac à air conditionné ou le jet privé à Moab, une cité perdue au cœur de l'Utah, chez les mormons, et en avant pour le grand frisson. Ils confient leur destin à d'anciens bérets verts chevelus rescapés de la guerre du Vietnam, recyclés écolos aussi purs et durs qu'ils furent tueurs il y a quelques années. Le programme : retrouver ses racines pour 1 000 dollars ou plus. Plus c'est cher, plus ça décoiffe. On ne rigole pas avec le retour à la nature. Le dépliant publicitaire revendique 18 morts en 18 ans : c'est honorable. Pour le prix, obligation de récupérer les besoins naturels, cependant biodégradables, dans des sacs *ad hoc*. De cracher son dentifrice, après s'être brossé les dents dans un petit trou creusé dans le sable, puis de le recouvrir. Sinon les bérets deux fois verts se fâchent. Et ça fait mal.

Il m'étonnerait qu'on ne voie pas bientôt débarquer ces sortes de loustics dans les gorges du Verdon. Mais puisque la géo-poétique s'ouvre à nous, ne te serais-tu pas un peu converti au New Age, cette utopie douce venue de Californie qui t'emmène au bout du monde en te plongeant au cœur de toi?

Ne serais-tu pas devenu un surbranché de ces cérébro-technologies qui pullulent à Sausalito, de l'autre côté du Golden Gate, ces quincailleries vibro-sono-fluo censées te permettre d'accéder en quelques minutes à l'état supérieur de la conscience, cet état que les yogis cherchent leur vie entière? Ne serais-tu pas de ces doux rêveurs immergés dans ce que *Libération* (17 mars 1991) appelle « un nouvel état de l'être, un nouvel art de vivre en mourant aux vieilles lunes de ce IIe millénaire finissant?... Un grand bain de spiritualité où l'Occident est en train de faire trempette », mais aussi un « antitussif de l'âme » et, « pour les marchands du temple, une mode d'un juteux rapport qualité-prix, tant le marché du supplément d'âme est porteur aujourd'hui ». Même « les chefs d'entreprise envoient leurs cadres en Dordogne pour des séminaires " sérénité et efficacité ", avec arrêt méditatif dans un des soixante centres de bouddhisme installés en France pour faire l'ascension de l'Himalaya qui est en nous » : pourquoi toi, par excellence *Enfant du Verseau* selon le titre apocalyptique de Marilyn Fergusson, initiatrice du mouvement, ne figurerais-tu pas parmi leur cohorte hyper-rationnelle? *Libération* cite le cas d'une jeune femme dynamique que le yoga a menée aux séminaires sur le corps-énergie, de là à l'empathie de Carl Rogers, de là à la psychologie transpersonnelle de Stanislas Grof, et de là à l'écologie. A ce stade, elle a obtenu 4 millions de francs du Crédit agricole pour lancer un très sérieux salon intitulé Écosite, où l'on traite des éco-technologies et des techniques de l'environnement. « L'écologie, déclare-t-elle, c'est l'éthique, c'est le respect de ce qui est autour de nous et le respect de nous-mêmes. C'est l'écologie de la personne. » Tu allais le dire.

On trouve encore dans les rangs animés du New Age des adeptes de l'instinctothérapie, plus connue sous le nom de « secte des crudivores » : des thaumaturges persuadés de tout guérir, y compris le sida, grâce aux crudités – bio, cela va de soi –, ce qui valut quelques ennuis à leur pape Guy-Claude Burger, pour qui les carottes paraissent cuites.

Il y a encore, au choix, la bulbologie capillaire, qui se targue de voir l'avenir au fond des cheveux, la nevraxologie, qui privilégie pour les soins l'intérieur des narines, l'hydrothérapie du côlon, plus connue du temps de Molière sous le nom de lavement *(clysterium donare...)*, le bol d'air René Jacquier, un diffuseur d'oxygène mêlé à de l'essence de térébenthine, la cristallothérapie, pratiquée par Iozef Wolak, diplômé de philosophie holistique, qui vous guérit de tout par l'améthyste (elle envoie des vibrations d'amour), le quartz (il ouvre le troisième œil) ou tel autre cristal modificateur de l'aura.

Un Polonais? Mais la Hongrie aussi se voit contaminée. Au premier étage de l'hôtel Metropole, à Budapest, sévit dans sept chambres avec ses collaborateurs le gourou Torok Szilveszter, soixante-deux ans, archi-millionnaire en forints grâce au « diagnostic des mains », pratiqué à l'aide d'un pendule baladé sur les paumes. Il n'est pas le seul : « guérisons aquatiques, art du massage, nourritures bio, gymnastiques orientales et sexualités harmonieuses, il y a aujourd'hui presque autant de produits que de clients au supermarché du mieux-être », commente l'envoyé spécial de *Libération* (31 janvier 1992).

Après tout, un réseau de médecins spécialistes de « l'écologie clinique » s'est bien développé aux États-Unis, en Grande-Bretagne et au Canada, dont le diagnostic, en cas de troubles diffus des patients, tient en deux mots : *Environmental Illness.* Avec parfois des circonstances aggravantes : « Syndrome de dysrégulation immunitaire », « Allergie cérébrale » ou « Hypersensibilité aux produits chimiques ». Ce que la médecine française, après examen, aurait tendance à traduire par : « Crise aiguë de ras-le-bol. » Et qui se soigne au pif, au rire, avec, le cas échéant, l'adjuvant de quelques cures de pêche à la ligne (non remboursées par la sécurité sociale). Des médecines dures, encore inconnues de la plupart des adeptes du New Age.

Je n'ai trouvé parmi eux aucune trace de la secte des adorateurs de l'oignon. C'est dommage. Ils avaient ma préférence. L'oignon, c'est un monde.

Surtout blanc, frais, nouveau, à la croque-au-sel : qu'en penses-tu, l'écolo?

Peut-être as-tu appris, au Monroe Institute, à pratiquer l'OBE, *Out of Body Experience,* qui consiste à sortir de son corps grâce à la mise en résonance de tes ondes cérébrales avec des sons planants. Cela s'appelle le procédé Hemi-syne et c'est très chouette. Tu peux te balader incognito et surtout améliorer nettement ta connaissance de toi et de ton environnement. Indispensable pour le terrien évolué que tu es.

J'espère, à ce propos, que tu ne te lasses pas d'écouter les musiques évolutives qui t'ouvrent à la « perception extrasensorielle des profondeurs de l'âme en mal de vérité cosmique, de beauté dans l'univers et d'amour infini ». Mon pauvre vieux, si tu ne le faisais pas, il serait temps de t'apercevoir que tu es dans de sales draps. « Dans notre cycle actuel, l'homme a perdu ses attaches avec la nature et a voulu maîtriser le monde sans connaître les lois universelles qui le composent. Cette activité désordonnée et antinaturelle s'est avérée dangereuse puisque désormais l'humanité est assaillie de mille maux : stress, pollution, guerre, etc. » Je tire cette leçon de sagesse de la revue *Le Monde inconnu* (novembre 1991), qui ne peut avoir échappé à ta boulimie sagace. Tu auras remarqué au passage que « stress, pollution, guerre, etc. » sont l'apanage exclusif de notre « cycle actuel ». Je ne sais de quand il faut en dater le commencement. Les pioupious de la guerre de 14 écrasés des mois durant par les obus dans les tranchées en faisaient-ils ou non partie? Et les mineurs de fond qui s'éclataient au coup de grisou, les ouvriers du lin aux poumons déchirés, les victimes de la barbarie industrielle du siècle précédent? La question est d'importance.

Parce que, si tu les introduisais dans le « cycle actuel », cela tendrait à prouver que « stress, pollution, guerre, etc. » ne datent pas d'aujourd'hui. Et même, à y mieux réfléchir, qu'ils seraient nés avec l'homme, après sa chute du paradis, où l'on cueillait si bien des pommes. Quelle révélation! Te rends-tu compte, dans ces conditions, qu'on a du mal à comprendre pourquoi l'apocalypse aurait lieu demain matin plutôt qu'à un autre moment?

Mais je ne voudrais pas jouer les trouble-fête finale. Quand on a une bonne apocalypse en vue, il faut s'y cramponner. C'est rassurant. Cela occupe. Cela donne un sens au monde. C'est l'éclairage par le trou noir.

Et, dis donc, sérieusement, scientifiquement, t'es-tu rallié à l'hypothèse Gaia? Comme tu le sais, elle a été formulée pour la première fois en 1979 par le chercheur anglais James Lovelock. Elle fait de notre terre un être vivant : l'élément primordial d'où sortirent les races divines puis nous, pauvres petiots, comme dans la *Théogonie* d'Hésiode. Gaia est une entité complexe qui comprend la biosphère, l'atmosphère, les océans, la terre proprement dite, l'ensemble constituant un système intelligent à la recherche de son propre perfectionnement. Sans nous, avant nous, la biosphère s'autorégulait. Avec nous elle le fera peut-être aussi, à condition que nous demeurions ses serviteurs au lieu de faire les zouaves.

Au sein fécond de ce grand panthéisme, nous serions en quelque sorte les bestioles chargées d'épouiller Gaia, de la gratter, de la peigner, de lui faire des câlins – pas des misères. Mais que nous trahissions notre mission, que nous rompions notre contrat, la sanction n'est pas loin. Comment? Le petit d'homme oserait altérer des cycles bio-chimiques qu'il ne maîtrise même pas? Il a rompu les éco-systèmes primordiaux, piétiné les sacrées plates-bandes qui font vibrer et bourdonner en bleu notre puissante aïeule dans l'espace? A la trappe! à la poubelle! Elle saura nous remplacer après un bref intérim par une race moins inconséquente et plus apte à la satisfaire. Le châtiment qui nous attend, si nous continuons à la maltraiter ainsi, n'est pas la fin du monde mais la fin du nôtre. Malheur à nous : le pacte qui unissait l'homme à sa mère nature a été brisé par notre orgueil.

De réunion au sommet en conférence internationale, les chefs d'État du monde entier sont désormais à genoux devant Gaia. Du moins opinent-ils gravement sur un point fondamental : notre patrie planétaire est en danger. La nécessité d'un changement des mentalités a été mise par eux à l'ordre du jour, avec la perspective d'un contrôle minutieux sur les tricheurs.

Louable projet : puisque tout se tient dans la nature. Excepté, jusqu'à présent, les hommes, qui se sont déchirés au lieu de se tenir les coudes et ont lacéré à l'envi, pareils à des puces furieuses, la chair tendre et puissante qui les nourrissait. Eh bien, il faudra que cela cesse! Nous allons oublier les querelles ancestrales, les guerres idéologiques, les haines religieuses, les luttes d'intérêts, les conflits de territoires, pour trouver le salut : en déclarant la guerre à la seule pollution.

A bas les lobbies industriels et militaires! Sauvons la vie. Gaia nous observe jusqu'en nos replis mensongers. Elle nous connaît comme on connaît ses enfants. Elle compte nos mauvais coups avec une patience qui ne durera pas toujours. Et toi l'écolo, toi, l'interprète de sa loi, traducteur de ses pulsions profondes, prophète de l'apocalypse qui point, te voilà au poste de vigie, promu phare de l'humanité.

Comment éviter le naufrage? Tu me l'as si souvent expliqué : ai-je bien retenu la leçon? Retissons des liens entre chacun de nous, puis entre nous et maman-terre. Soignons nos villes purulentes, nos industries scrofuleuses, les structures du pouvoir, du profit, pour enfin retrouver un sens à notre destinée. Mettons-nous au vert, il y a urgence. Communions dans l'authentique beauté des choses. Cessons de tout gâcher.

Comment s'y prendre? C'est là que je m'inquiète. Faut-il créer un directoire mondial capable de nous garder contre nous-mêmes mieux que n'a fait l'ONU : un Grand Frère affectueux capable de tout voir et de tout détecter grâce à ses espions-satellites et à ses indicateurs de police? Grâce aussi à la collaboration totale du peuple des humains, angoissé par la fin du monde?

Certains rêveurs d'absolus, âmes blanchies au white-spirit écolo, songent sûrement à faire de la planète le parc le plus naturel possible, pour citoyens enfin maîtrisés. A créer les premières vitrines d'une exposition qu'ils espèrent vraiment universelle, où nul ne pourrait plus mal faire, même en secret : puisque tout serait transparent. A l'image du sort réservé aux hideux personnages qui osent encore fumer dans certaines entreprises américaines : on les exhibe dans des cages de verre, afin que chaque employé puisse contempler leur vice.

Beau rêve! Ré-enchanter le monde, sinon pleuvraient les maléfices. Généreux idéal : communier dans la nature, sinon viendrait la punition. Mais ne vois-tu pas poindre la silhouette de Big Brother guettant au coin des bois, clamant : soumettez-vous à moi, sinon la fin des temps?

L'hypothèse Gaia est à coup sûr séduisante. Scientifiquement fertile. Fort raccrocheuse pour l'esprit en proie au doute à force de ne plus savoir à quelle sainte cause se vouer. A condition toutefois de se méfier du... oh! totalitarisme serait un bien grand mot... Disons : du tatillonnarisme qu'elle recèle.

Que la Terre exprime ses ressentiments à notre endroit : soit. Mais quels seront les interprètes des signes qu'elle nous envoie? Qui seront les grands prêtres, sinon toi et les tiens? Qui va-t-on mandater pour faire exécuter ses ordres de façon irrémédiable, sinon les grands et leurs séides?

Et si cela impliquait la naissance d'une bureaucratie nouvelle plus puissante encore et plus insidieuse que les précédentes puisqu'elle serait d'essence religieuse? Mieux acceptée, en outre, au moins dans les débuts, puisque ce serait pour notre bien à tous? Mais contrôlée d'en haut par les puissants?

Gaia, je t'aime et te vénère. Après le bon Dieu,

la bonne déesse : soit. Cependant, depuis que certains racontaient que Dieu était mort, on avait des havres de répit.

Avec Gaia, bientôt rien ne sera plus permis.

A l'instar de ce qui se passe dans certaines sectes américaines d'illuminés, en tout petit, l'exemple allemand donne une idée de la tendance à redouter. Dans certains Länder et plusieurs villes, les Verts ont conservé, malgré l'échec cuisant de décembre 1990 qui leur a fait perdre leurs 42 sièges au Bundestag, un poids politique considérable. Un nouvel intégrisme en est issu, au pas de l'oie, par le biais notamment de la chasse aux déchets qui fait penser à un rituel de purification. A Vaterstetten en Bavière, près de Munich, une ville à la pointe du combat contre le « chaos des ordures », la collecte sélective des détritus a atteint des records de perfection. Au début, les familles se sont habituées à mettre en place un carton pour les bouteilles vides, un autre pour les pots de yaourt, un troisième pour les boîtes de conserve, un quatrième pour les vieux journaux. Bon. Mais la méthode s'est vite perfectionnée : plus question de jeter dans le même conteneur, le plastique mou et le rigide, le pot de yaourt vide, évidemment lavé, et le récipient à margarine, la canette de bière en alu et la boîte en fer-blanc, les journaux quotidiens et les magazines. Gaia en souffrirait.

Dans la région de Fribourg-en-Brisgau, des vers de terre testeurs de détritus régentent, depuis des aquariums placés sur les tables des écoles, évidemment toutes écolos, l'éducation des bambins. Il s'agit de leur inculquer au plus tôt la différence entre ce qui est biodégradable – digeste pour Gaia – et ce qui ne l'est pas. Épatant.

Mais de retour à la maison, les braves petits Verts en herbe se croient obligés de poursuivre leur catéchèse. « La colonisation verte, rapporte Jean-Paul Mulot dans *Le Quotidien de Paris,* implique délation et bourrage de crâne. Les voisins se dénoncent entre eux. Gare à celui qui jettera du non-recyclable dans une poubelle verte. Gare à l'enfant qui viendra à l'école avec du papier alu sur son sandwich. Et surtout gare à celui qui n'adhère pas aux thèses " vertes ". Un enseignant dispensant un cours sur le Bangladesh s'est ainsi vu rabrouer par ses élèves parce qu'il n'admettait pas que les récentes inondations auraient été causées par les puits de pétrole en feu du Koweït. Très jeunes, les enfants sont éduqués par le lobby vert qui leur distribue des petits fascicules " éducatifs " et des BD bien-pensantes. Pour beaucoup, l'écologie est une foi : " Je ne veux pas mourir à cause d'inconscients. Nous les convertirons. " »

Pour moi qui change de trottoir comme feu Alexandre Breffort dès que quelqu'un prétend me sauver pour mon bien, je ne suis pas loin d'avoir une peur bleue de telles croisades.

Bientôt, paraît-il, plus question de se rendre dans la Forêt-Noire en voiture. Plus question de marcher hors des chemins réservés. De tondre sa pelouse soi-même. De rouler en automobile dans certaines villes le dimanche. De fumer les jours sans tabac. D'ailleurs fumer, chez nous, c'est également fini. Reste la planque des toilettes comme il y a cinquante ans pour les galopins attardés. *Verboten.* Sous peine d'amende. Gaia se frotte les mains.

Et les patrons de l'éco-business qui s'est développé sans limitation de vitesse en Allemagne, se les frottent aussi : des pots d'échappement catalytiques à la fabrication d'emballages recyclables, chaque nouvel interdit crée un nouveau secteur industriel générateur de profits. Ils jubilent. Tant pis pour ceux qui n'ont pas su négocier le virage à temps.

Deux pièges gigognes nous guettent ainsi.

A propos du premier – l'avènement d'une manière de néofascisme écolo –, tu m'objectes que nous ne sommes pas en Allemagne et qu'outre-Rhin, on dérape aisément dans certains excès disciplinaires. Sans doute. Mais pour le second – un courant industriel surpuissant, encourageant le rigorisme du premier par goût du profit – on peut avoir des craintes. Les hommes d'affaires sont partout les mêmes : ni philanthropes ni mécènes, mus par la logique implacable du business, à moins que certains beaux gestes ne soient déductibles d'impôts. L'éco-inquisition comme solution au marasme actuel : c'est tentant. Voilà pourquoi, les soirs de pessimisme, je crains le pire.

Admettons cependant que ces quelques bavures ne soient pas graves. Que l'important soit de voir les responsables au plus haut niveau, prendre conscience de l'imminent désastre. D'avoir vu le 17 décembre 1991 réunis pendant quatre jours, à la Villette, à l'appel de l'Élysée, 850 représentants d'organisations non gouvernementales du monde entier. De voir du 1er au 12 juin à Rio, palabrer 200 chefs d'État, avec 6 000 spécialistes de l'environnement et du développement. L'une des plus fortes concentrations de décideurs jamais rassemblée pour se pencher sur la disparition prochaine de l'ours des Pyrénées, du faucon crécerelle de La Crau, de la loutre et de l'aiglefin, du rhinocéros et de la chouette effraie, du veau marin de la baie de Somme, de la tortue d'Hermann et du papillon Apollon des Alpes-de-Haute-Provence.

Vingt et un hectares de forêts tropicales détruits chaque minute, 12 000 tonnes de gaz carboniques rejetées dans l'atmosphère chaque jour et 10 tonnes de déchets radioactifs fabriquées chaque jour par les 418 centrales en service dans le monde (plus 513 réacteurs utilisés dans la marine, à bord des sous-marins surtout) : il y a en effet là matière à réflexion.

Mais au nom des 140 espèces vouées à disparaître d'ici à l'an 2000, peut-on réussir, d'un trait de plume, à supprimer les guerres, la mise à sac des ressources naturelles par l'homme chaque fois que c'est rentable, et surtout l'exploitation de ce produit naturel qu'est l'homme, par son semblable, quand il se peut? Pourvu du moins que quelques illuminés n'en profitent pas pour pousser à l'instauration d'un pouvoir omniprésent!... Je pense à ces indubitables ascètes pour qui l'écologie-avec-la-nature renvoie à une écologie intérieure. Pour qui polluer et se polluer relèvent du même crime contre nature. Pour qui gaspiller et se gaspiller sont tout un, puisque la déesse Gaia trinque. Terreau évidemment propice à la naissance des éco-ayatollahs dont je te parlais, mus par une foi inébranlable en leur mission salvatrice, prêts à imposer une discipline à l'allemande bottée de bonnes intentions, et des gymnastiques obligatoires sur les places Tian Anmen, comme on a pu y assister au temps du maoïsme triomphant. De ces sortes d'ardentes obligations dont témoignait tel reportage fervent publié le 21 août 1941 par la revue de propagande pétainiste *Toute la vie,* sur la création du Brevet sportif national. Cela t'a un air innocent, le saut en hauteur et le lancer de poids. Mais soudain, par la vertu d'un *effort national,* passer la barre à 1,45 mètre se voit promu devoir moral. Et quiconque court les 500 mètres en plus d'une minute cinquante-cinq sombre sous l'opprobre. Mauvais résultats? Ach! Mauvais Vrançais! Vive la santé. Vive le retour à la terre. Vive le Maréchal. Et vive le vert-de-gris, couleur des dames d'occupation de l'armée allemande.

Mais une seconde catégorie de fabricants de bonheur, beaucoup plus intéressante et encore plus intéressée, se montre prête à tirer les marrons du feu, ou plutôt les pépites de leur gangue polluée. Prête à encourager les premiers dans leur élan purificateur.

Qui? Mais c'est bien sûr! rien de plus naturel que d'envisager la création d'un organisme total-globalement écologique disposant d'un pouvoir supranational, susceptible de dépêcher des unités de casques verts pour frapper d'embargo tel pays trop pollueur à seule fin de sauver le monde fût-ce malgré lui. Avec bénéfices garantis pour les bailleurs de fonds.

Déjà, à l'issue de la conférence de Paris, des experts comme le juge Amedeo Postigione, de Rome, en étaient à discuter du titre que pourrait porter une telle future haute autorité (*Libération* du 21 décembre 1991.) « Certains parlent de créer une Autorité mondiale de l'environnement... Quelques-uns préfèrent le titre d'Agence internationale de l'environnement, ou de Commission pour le développement durable, et font mention d'Observatoire mondial. »

D'ores et déjà, les associations du Sud en sont tétanisées. Elles « se méfient comme de la peste d'une nouvelle machine de guerre, par trop normative, que pourraient créer les gouvernements », secondés en l'occurrence par les ONG du Nord. Une machine exclusivement aux ordres des puissants Occidentaux, au nom de la démocratie mondiale. L'anti-pollution universelle envoyant ses canonnières contre les sales nègres : vieux tableau, de mauvais genre.

« Depuis la guerre du Golfe, nous sommes refroidis sur l'ONU et les structures mondiales qui servent toujours en définitive la même cause, expliquait récemment l'Algérien Halima Benaboude. Il s'agissait en réalité de détruire un potentiel militaire naissant en Orient, et de récupérer des sources d'approvisionnement en pétrole, des intérêts assurément sérieux, mais à ne pas confondre avec une croisade en faveur de minorités opprimées comme les Kurdes ou les Palestiniens du Koweït », qui furent par la suite jetés aux requins par bateaux entiers sans protestations onusiennes.

Franchement, mon écolo, a-t-il tort, cet homme, de s'inquiéter du cynisme des discoureurs en chef, qui ont les mains blanches, les mains si blanches qu'ils n'ont plus de mains?

A Genève, le GATT lui-même (General Agreement on Tariffs and Trade) manifeste sa perplexité sur ce genre de rapport de force. Dans un mémoire consacré aux liens entre l'écologie et le commerce international (*Le Figaro-Économie,* 12 février 1992), l'institution prévient contre le recours à des mesures commerciales censées protéger l'environnement : « Le risque est grand de voir les préoccupations liées à l'environnement être exploitées et détournées à des fins protectionnistes. »

Dans cette perspective, les vœux de feu le professeur Hamburger, président de l'Académie des sciences, dans *Le Figaro* du 12 décembre 1991, semblent plutôt discutables : « Les Nations unies, écrivait-il, décidèrent un jour de prendre en charge la santé du monde avec l'OMS (Organisation mondiale de la santé), la faim dans le monde avec la FAO (Organisation pour l'alimentation et l'agriculture), l'éducation et la culture avec l'UNESCO (Organisation des Nations unies pour l'éducation, la science et la culture). Sans doute le temps est-il venu pour une organisation semblable qui s'attacherait au problème plus général encore, plus pressant, plus décisif pour la survie et l'avenir des hommes, qu'est la surveillance des équilibres biologiques nécessaires à la vie. »

L'idée est généreuse. Mais comment cet organisme oserait-il toucher aux intérêts vitaux des plus riches nations? Ce sont les humains pigmentés qui en verront de toutes les couleurs. Cela ne changera pas grand-chose à la situation présente, mais ce n'est pas ce que tu attendais. Tu veux bien faire, c'est merveilleux. Mais les effets pervers sont les déchets des bonnes intentions. Ils pavent les enfers. Ô grand

Mamamouchi, si tu ne te contentes pas de rester Monsieur Jourdain, quelles seront les retombées de ton sacre?

Mais passons à tes empoignades atomiques. L'antinucléaire aura été ton cheval de bataille et ton hippogriffe, ton Bucéphale et ton destrier : ce pourquoi les stars lumineuses d'EDF t'accusaient, pour ton refus du progrès, de chevaucher une Rossinante éclairée par un lumignon.

Ah! le beau 10 juillet 1971, quand 15 000 enthousiastes se pressaient au coude à coude, bravant les matraques des hordes noires recrutées par les atomistes de choc, sous la bannière verte de feu Pierre Fournier, fondateur de *La Gueule ouverte,* à Bugey, dans l'Ain. Les sombres jours de mars 1974, lorsque Pierre Messmer, dernier Premier ministre d'un Georges Pompidou sous cortisone, irradié par la grâce atomique, annonça soudain à la plèbe ébaubie, sans même un vote de l'Assemblée, que désormais l'électricité serait nucléaire en France. Il pousserait des centrales partout, comme des cèpes sous la rosée d'automne.

Et cela champignonna. Après Chooz, Fessenheim, Chinon, Saint-Laurent, Gravelines, Dampierre, il fallut apprendre à décliner Golfech, Bugey, Nogent, Châlons-sur-Marne, Cattenom, Paluel, Marckolsheim, Port-la-Nouvelle : 42 tranches décidées. Une toutes les six semaines promise pendant cinq ans. Comme dans les guerres de religion, nul ne prenait garde aux arguments du clan adverse à moins qu'ils ne fussent frappants. On était tout-nucléaire, ou tout-anti. Le dieu État affrontait la déesse Gaia. On se jetait à la figure des débris contondants de science, avec lyrisme, avec les boulons, les curies et les millirems, le strontium et la filière à eau pressurisée. Cela volait bas, avec en toile de fond Hiroshima et Nagasaki. Les 30 et 31 juillet 1977, sur le site de Creys-Malville, 20 000 manifestants s'empressèrent. Les gendarmes mobiles gazèrent : cela fit un mort et une centaine de blessés. Pour la science et le progrès, je le veux bien : mais tout de même, le doigté n'y était guère. Tu es né de ces douteux combats.

A Plogoff, près de la pointe du Raz, le 1er février 1980, une guerre civile fut déclarée. Elle devait durer six semaines.

EDF avait décrété qu'il fallait une centrale à l'Ouest : le vide sur la carte nuisait à la symétrie hexagonale. Un député du cru, Guermeur, jura que le lieu n'était peuplé que de vieilles bigotes en coiffes, dont on ferait n'importe quoi. Le ciel venait de tomber sur la tête des habitants de cette commune du bout de la terre. Le site élu était situé sur une faille géologique fragile. Les tempêtes étaient notoires pour tout briser en ce lieu-dit l'Enfer : en 1987, les vents devaient d'ailleurs emporter l'anémomètre de la météo, avec les pins et les toitures. Il est heureux que le port atomique initialement prévu n'ait pas été construit. Ce pays, l'un des derniers sans disgrâce d'Europe continentale, aurait été sacrifié, pour un profit aléatoire, à la lubie des technocrates. Aux décideurs, peu importait : à Paris, dans des bureaux, des diplômés avaient tranché. Sous des lambris, des politiques avaient paraphé. Les bulldozers passeraient.

En 1975 déjà, premières escarmouches et premières barricades : EDF voulait procéder à des sondages. Ils n'ont jamais pu être réalisés. Trois jours et trois nuits, des barricades ont poussé. Les vieilles dames venaient apporter du café à leurs combattants. Les premiers écolos furent éconduits. Ils venaient, pleins d'un zèle militant, montrer tableaux et graphiques à la population. Elle vit d'un mauvais œil ce qu'elle tint pour de la propagande. Elle savait ce qu'elle voulait. Elle tenait à régler seule son problème.

Cette fois, pour observer la légalité républicaine, une « enquête d'utilité publique » fut décrétée. Elle consistait en un registre déposé à la mairie, sur lequel les citoyens consigneraient leurs observations, étant entendu que toute signature, même assortie de remontrances, serait considérée comme positive : chacun venait de le constater à Golfech, pays où, élus et électeurs, notables et menu fretin, l'immense majorité de la population étant hostile à une centrale, il venait d'être décidé qu'on y en planterait une. J'entre dans les détails, parce qu'il est bon de se souvenir que le nucléaire en France n'est né ni dans la joie ni dans la chaleur d'un débat d'idées, mais dans la violence et le mépris. De Gaulle en avait fait le choix pour la grandeur et l'indépendance nationale, revêtu de son uniforme. Cette machine de guerre économique et militaire devait fonctionner au pas de charge, sous le tempon du top secret. Ce qui la rend encore aujourd'hui à tes yeux suspecte, et te conserve une aura de sympathie dans le public.

Le maire de Plogoff, donc, Jean-Marie Kerloch, un petit bonhomme aux allures de Poulbot de la lande, retraité de la marine aux yeux clairs au-dessus des tempêtes, les vraies, pas celles nées dans le bocal des grandes villes, s'avisa que ni lui ni les siens n'avaient fait la résistance et bravé les océans pour être traités en demeurés par une capitale qui, sous prétexte de les consulter, les insultait. On n'avait, bien entendu, même pas songé à informer ces gnomes, par nature incapables de saisir l'immarcescible beauté de la fission. Jean-Marie ferma sa mairie aux registres.

L'État passa outre et décida d'imposer ceux-ci. Ils arriveraient dans des espèces de roulottes baptisées pour l'occasion mairies annexes. Et seraient protégés par les armes.

La population, derrière son maire, dit non.

Ce soir-là, l'armée d'occupation dut faire manœuvrer ses blindés légers et ses troupes d'élite quatre heures durant pour franchir les 2,5 kilomètres qui menaient au bourg. Les deux seules routes d'accès étaient défendues par d'énormes barricades, situées l'une au fond de la baie des Trépassés, l'autre au Loch. Les décideurs étaient mal tombés. En chaque « imbécile » ouvertement bafoué avait soudain surgi une âme d'Astérix. C'était en outre l'anniversaire de mon ami René Pichavant, qui fêtait l'événement avec quelques camarades à l'auberge de la ville d'Ys, comme il se doit. Si bien que tard dans la nuit, les escadrons spécialisés affrontaient encore, sous les rafales d'un vent d'ouest, parmi les flammes grésillant jusqu'aux cieux, des lutins insaisissables qui chantaient des cantiques dans la lande des ancêtres.

Ainsi débuta cette guérilla, héroïque de la part

des habitants, grotesque pour le pouvoir : l'État entier contre une bourgade d'à peu près 800 feux. Chaque matin le convoi militaire encadrant les « mairies » venait s'installer, et chaque jour une nouvelle embuscade attendait. Fosses à purin recouvertes d'enduit dans lesquelles se vautraient les véhicules officiels. Tuyaux à vidange crachant le lisier sur les forces d'occupation. On ne trouva bientôt plus une seule bouteille d'eau de Cologne dans la région : les gendarmes avaient tout raflé. Et ce n'était pas suffisant. Fausses mines antichars bricolées avec des assiettes et des fils électriques empêchant la colonne de progresser. Chausse-trapes. Ensuite les hommes partaient à leur travail. Les femmes demeuraient, crochetant sous le nez des porteurs d'uniformes des dentelles assorties d'épouvantables injures. Une de ces inoffensives vieilles, à l'allure de grenouille de bénitier, prise un après-midi d'une inspiration quasi divine, souleva sur un gendarme ses vastes jupons, et pissa sur ses jambes. Les enfants, en sortant de l'école, venaient leur jeter à tout hasard quelques pierres et les abreuver, à l'heure du goûter, de quolibets. Puis arrivait pour les fonctionnaires noirs l'heure de plier bagage dans le soir déclinant. Ponctuels, les hommes du village rappliquaient, afin de célébrer ce qu'ils nommaient la « grand-messe de cinq heures » que pour rien au monde ils n'auraient manquée. Pots de peinture, horions, boulons, lisier : tout faisait projectile. Le lance-pierres devint l'une des armes favorites des gueux contre Goliath.

La police essaya la délation, l'intimidation. EDF racheta en sous-main des terrains, fit monter les prix, spécula : rien n'y fit. Les anciens combattants, Légions d'honneur et médailles militaires aux quatre vents, drapeaux de leurs anciennes unités déployés, défilèrent un jour en chantant la *Marseillaise,* fonçant droit sur les casques noirs qui durent s'écarter et saluer. Du grandiose, du jamais vu. On était loin du nucléaire : on nageait dans une mascarade qui aurait pu tourner tragiquement.

De jour en jour, cela prenait l'allure d'une de ces opérations de « pacification » dont fut tissée la guerre d'Algérie. Après les ratonnades, les bretonnades. J'y insiste pourtant. S'il y avait des écolos dans les rangs, le combat n'était pas d'essence écologique. C'était la révolte spontanée d'un bout de lande humiliée. Cela relevait du phénomène baptisé par les Américains NIMBY (*Not in my Back Yard :* pas dans mon jardin) sur lequel je reviendrai. Les Plogoffites étaient prêts à crever plutôt que d'accepter d'être pris pour des cons. Pas des gauchistes, oh non, ni des soixante-huitards attardés. Certains des combattants avaient servi dans les commandos de la marine, d'autres travaillaient sur les sous-marins nucléaires. J'en ai même connu un qui venait par avion chaque samedi de Vandellos en Espagne, où il travaillait sur un site atomique, pour défendre son pays offensé.

Avec plus de vingt ans de recul, le paradoxe de l'événement saute aux yeux et l'on pourrait vérifier à chaque crise locale, à propos de déchets, d'un barrage, ou d'une autoroute, la formation du même type de processus. Un stress : des ganglions se forment. Les révoltés en effervescence s'agglutinent. Ils s'égosillent. Ils ont la tripe verte, d'un vert de chrysoprase, d'émeraude, de jade, de péridot. Des tas de petits Monsieur Jourdain sont nés. Ils parlent soudain en prose, et lyrique, et vertement. Et il ne ferait pas bon les en empêcher.

Le tumulte passé, l'acharné militant laisse tomber les téguments dont il s'ornait : ils sont trop verts, dit-il, et bons pour les jobards. Il pâlit comme une aigue-marine et se dissout dans l'air du temps, retrouvant l'existence ordinaire. Ainsi, en 1992, n'y a-t-il à Plogoff pas plus d'électeurs verts qu'ailleurs. Monsieur Jourdain est redevenu Monsieur Jourdain.

En 1981, les présidentielles qui menèrent les socialistes au pouvoir calmèrent le conflit, le candidat Mitterrand ayant promis de surseoir à ces sortes d'implantations forcées.

L'élan nucléaire était cependant donné, qui devait faire atteindre à notre pays des records en matière fissile. Aux États-Unis, manifs et moratoires s'enchevêtraient, freinant les programmes. L'Angleterre boudait. L'Allemagne regimbait. L'Autriche, l'Italie, les pays scandinaves refusaient la dictature de l'atome. Des meetings monstre, à New York et à Bonn, réunissaient des centaines de milliers de personnes. En France, on guettait l'incident. A chaque nouvelle panne, tu frémissais à la fois de peur et d'exaltation. Est-ce pour cette fois? Cela va-t-il craquer ou non? Il n'est que de feuilleter l'éphéméride de 1979-1980 pour mesurer la tension des esprits.

Octobre 1979. Fuite d'eau radioactive à la centrale de Bugey : trois semaines d'arrêt. Manif. Quinze tonnes de combustible irradié débarquées du Japon à Cherbourg à bord du *Pacific Fisher :* manif. Les tranches 2 et 3 des installations du Tricastin sabotées, ainsi qu'une ligne à haute tension entre la Haute-Garonne et l'Aude. La CFDT appelle à une grève nationale si EDF s'obstine à charger le cœur de Gravelines.

Novembre. Attentat en Suisse. État de siège à Golfech. Voiture piégée devant EDF à Toulouse. Aux États-Unis on a frôlé l'apocalypse par suite d'une erreur des ordinateurs du Pentagone. La Sarre et le Luxembourg protestent contre l'extension de la centrale de Cattenom.

Janvier, février, mars 1980. Radioactivité dans les déchets à La Hague. Le plan ORSEC-Rad rendu public inquiète. Manif à Chinon. Fuites en Bavière. Licenciements à Malville. Accident à Saint-Laurent-des-Eaux. Chooz en panne. Incident à Cadarache. On découvre qu'il faudra démanteler 80 réacteurs d'ici vingt ans, puis de 40 à 50 par an. Et l'on découvre aussi qu'on ne sait pas comment s'y prendre. Les pubs se multiplient dans les hebdomadaires pour les abris antiatomiques familiaux. Faute de débat parlementaire, Mitterrand réclame un référendum sur le nucléaire, tandis que le PC, après la CGT, se déclare inconditionnel de l'atome pourvu que la technique soit française. Le plan énergétique décidé en Conseil des ministres pour les dix années à venir prévoit 30 % de pétrole, 30 % de charbon, 30 % de nucléaire, mais le nucléaire fournira 75 % de l'électricité. Pari grosso modo tenu.

Bref, la France est alors entrée de manière irréversible dans l'ère nucléaire. Mais cette entrée a eu lieu à coups de gourdin. Pour renverser la vapeur, il aurait suffi du moindre pépin sérieux. Celui que tu prédisais. Il n'a pas eu lieu : tant mieux pour les vivants. Tant pis pour ta cause. Les accidents graves, il faut le reconnaître, ont toujours éclaté à l'étranger : Windscale, Kychtym, Idaho Falls, Three Mile Island. A chaque fois, la catastrophe fut frôlée, tandis que nos nucléaristes de choc, impassibles, hautains, ressassaient, pareils à des robots programmés : ailleurs peut-être. En France, non. Impossible est français.

Et comme, les années passant, il ne s'est, en effet, rien produit, le mouvement écolo est longtemps demeuré dans les limbes par rapport à l'essor qu'il prenait en Allemagne ou aux Pays-Bas (sans parler des États-Unis), contrées géographiquement plus exposées que la nôtre, la première aux vents d'Est, les seconds à l'eau sale du Rhin. Nous étions à l'abri derrière nos frontières, écrasant le vulgaire de notre infaillibilité pontifiante. Il aura fallu rien moins que l'insolent, le sacrilège nuage de Tchernobyl pour mettre en question cette douce impression de sécurité.

En 1986, lorsque ce radieux nuage surgit en maraude, le bilan était donc mitigé. Une France fortement nucléarisée, mais qui avait mis depuis l'arrivée des socialistes au pouvoir la pédale douce à l'accélérateur de particules. Un mouvement écologique énervé mais désemparé et presque atomisé, à la recherche non de raisons d'être, mais de résonances. Des groupes isolés, parfois intelligents, souvent folklo. Ô bienheureux, ô providentiel nuage auquel tu dois ta seconde vie! Rebelle un peu sans cause, tu y gagnas pignon sur rue : et Brice Lalonde, après Huguette Bouchardeau, entra au gouvernement. Trahissant d'ailleurs, à ta grande colère, le niet total au nucléaire : car pour toi, indéfectiblement, irrémédiablement, l'atome est le mal absolu. C'est le diable et son train – les chaudières de l'Enfer fonctionnant à coup sûr au nucléaire.

Avant de plonger dans les bouillonnements qui entourent les piles-piscines, un détour par une turbulence qui devait rajouter de la vivacité au débat. Une autre fin du monde nous menaçait, à laquelle nous n'avions pas pris garde. A force de brûler du pétrole et du charbon, à force de rouler en voiture, nous avions depuis quelque temps projeté dans l'atmosphère 25 % de gaz carbonique de plus que la teneur habituelle, soit autant que pendant les quatre mille années précédentes. Il y a trois ans, un délicieux frisson nouveau parcourut l'humanité. Cet épouvantable gaz, à force d'enserrer la planète d'un voile maléfique, capable de prendre au piège les rayons du soleil situés dans l'infrarouge, allait la réchauffer sans mesure : comme le ferait une serre. Notre boule était en passe de perdre la boule.

D'autant que de cinq milliards de bipèdes, nous allions sauter à huit en 2025 si aucune autre bien-encontreuse calamité n'intervenait auparavant. La pollution en serait largement multipliée. Et en avant pour un grand show-effroi. Dont nous ne sommes pas sortis.

Oh! nous n'allions peut-être pas bouillir tout de suite. Mais la glace allait fondre aux pôles. Le niveau des océans allait monter : ne les sens-tu pas, qui clapotent déjà d'un air narquois? Un processus inexorable : 20 centimètres de plus en l'an 2000, un mètre en 2030. Adieu Venise et la Camargue. Adieu les Pays-Bas, le Bangladesh et les deltas!

Réunions, conférences, séminaires enflammés se succédèrent à Paris, Londres, La Haye, regroupant politiques, scientifiques, économistes : que faire? Jamais encore, malgré tes efforts, la Terre ne s'était découvert autant d'amis. Plus un homme politique digne de ce nom qui n'ait dans son portefeuille un stéthoscope pour ausculter ses quintes, un thermomètre et une feuille de température. Après le prince Charles, Maggie Thatcher elle-même, la Dame de fer inoxydable, se déclara convertie : c'est dire! Et pour toi, quel régal! Depuis lors, la moindre pluie qui tarde à tomber, un ouragan sous les tropiques, un anticyclone mal fagoté qui bat de l'aile : et hop! au premier soupçon d'anomalie climatique, tu n'as qu'à te baisser pour récolter les voix...

Avec toutefois un paradoxe qui te fâche fort : c'est qu'à EDF-CEA aussi, on jubile depuis l'invention de cet effet de serre. A quoi est-il dû? A tout sauf au nucléaire. De ce point de vue au moins, l'atome ne pollue pas.

Pour une fois qu'à EDF on ne craignait pas de rester en rade, on n'allait évidemment pas garder la chose pour soi. Et d'entamer sur le champ magnétique une campagne de presse magnifique qui fit mine de donner la parole à des écolos-snobinards anti : « Et vous insinuez que ma beauté tient au velouté de ce noir et blanc, à la lumière de ce photographe et au nucléaire? » « Et vous avez le toupet de dire que si j'ai pu faire la cour à Louise, c'est à la lumière tamisée et au nucléaire que je le dois? » « Et vous voudriez que je reste calme quand vous osez prétendre que c'est le nucléaire qui a lavé mon linge? » Pour finir par livrer l'argument chic, l'argument choc : « Aujourd'hui, 75 % de l'électricité est nucléaire. » Une manche pour les nucléocrates : allez suggérer après ce coup fumant, qui réduit le pétrole à une flaque glauque pour quinquets qui empestent, que lorsque vous titillez un interrupteur, ce n'est pas complètement non polluant!

Le match était bien engagé. EDF ne manque pas de punch. Mais tu as des munitions. Et vlan! rafales d'uppercuts parties de ton coin : 75 %? pas de quoi s'en vanter : à quel prix? Les comptes sont bien obscurs. Le coût du kilowatt nucléaire a été multiplié par 14 depuis 1970 tandis que celui d'origine solaire ne cesse de baisser. Or pas grand monde ne semble s'y intéresser : les États-Unis dépensent 15 milliards de dollars par an en nucléaire contre seulement 200 millions en recherches sur les énergies renouvelables, soit un rapport de 1 à 30 (les chiffres sont de Hubert Reeves), etc.

Tu ponctues ton avantage par un crochet au foie : on dirait qu'en France même, EDF fait tout pour freiner l'essor des énergies de remplacement. Comme si elles allaient effriter son monopole. « Le nucléaire arrange politiquement le pouvoir central, clames-tu. Il est porteur de restrictions de libertés. » Ce n'est déjà plus un combat d'idées, c'est une échauffourée.

Les contre-attaques fusent alors comme vapeur sous pression chez les fans de l'uranium : tes énergies de remplacement? Parlons-en! Où vas-tu chercher un complot? Le solaire est bon à chauffer un pavillon, et la géothermie un immeuble. En aucun cas à faire fonctionner une usine d'aluminium aux heures de pointe. Si les Américains ont fait des progrès avec les piles photovoltaïques : tant mieux. Fin août 1991, un symposium consacré à « L'Électricité de l'espace », au siège de Supelec à Gif-sur-Yvette, auquel participaient 200 experts venus de 20 pays, a conclu que la valse des miroirs célestes nous abreuvant d'énergie solaire à partir de stations orbitales commencerait en 2050 : tant mieux. Les Anglais ont réussi le tour de force, en novembre 1991, d'obtenir une fusion nucléaire contrôlée pendant deux secondes, à 300 millions de degrés, vingt fois la température du soleil, dégageant une énergie électrique d'1,7 mégawatt, au Joint European Torus (JET), à Cudham, à 100 kilomètres à l'ouest de Londres : tant mieux. Mais l'utilisation industrielle de la fusion de l'atome de tritium n'est pas pour demain. Tant pis. Et en attendant il faut bien de l'électricité aux heures de pointe.

Là, les atomistes mettent le paquet. Non seulement ils n'ont pas l'intention d'abandonner les centrales nucléaires où l'on fissure à la chaîne, mais certains de leurs champions sont encore plus combatifs. Ils poussent sur le podium le Schwarzenegger de l'U 239, le Terminator du plutonium : en kimono s'avance le directeur général de l'Agence pour l'énergie nucléaire qui dépend de l'OCDE, Monsieur Kunihiko Uemutsu. Trois atémis, une clef foudroyante, hop! Conférence internationale, à Kyoto, en novembre 1991 : la coopération mondiale doit absolument développer les surrégénérateurs du type

Phoenix et Super-Phoenix. Multiplier les Creys-Malville.

Ces centrales, justement, que tu abhorres pour cause de surproduction de plutonium inaltérable à vue d'humain! Vas-tu te laisser faire?

Suspense intolérable. D'autant que des sournois t'attaquent de biais. Les Américains de Pickering travaillant sur les sels fondus au thorium, qui leur semblent plus avantageux. Avec contamination en France même par le groupe Euriwa, qui fait miroiter, grâce au thorium, de l'énergie nucléaire sans risque d'explosion et une réduction formidable, de 1 000 à 1 de la production de déchets radioactifs, avec en prime la fin du plutonium. Donc la fin des bombes H sauvages, bricolées. Seules, disent-ils, la criminelle indifférence des décideurs et l'énormité des intérêts en jeu ont empêché jusqu'à présent la construction d'un prototype, qui coûterait tout de même la bagatelle d'un milliard de dollars. Bon... S'ils disent vrai, ceux-là, tout nucléaires qu'ils soient, vas-tu leur tordre le cou?

Et crac! contre-offensive. Ah! ils ne manquent pas de souffle à EDF! En Californie, de Los Angeles à San Francisco, 15 000 éoliennes fournissent 5 % de l'énergie à la population. Les Danois tendent vers 8 %. Les Espagnols les talonnent, qui construisent en ce moment pour 500 mégawatts de ces modernes moulins à vent : de quoi éclairer une ville de 40 000 télé-fans. Les Allemands ne sont pas loin. Et nous? Une poignée d'éoliennes par-ci inaugurées le 6 septembre 1991 à Port-la-Nouvelle, dans l'Aude, un coup de pouce timide de l'Europe aux biocarburants par-là, pour remplacer le gasoil (diester), ou comme additif à l'essence sans plomb (ETBE).

Fort bien, rétorque-t-on, chez les nucléaristes. Mais toutes ces énergies douces ne produisent jamais que le dixième de ce dont on a besoin.

– Réduisez la croissance! Faites des économies!

– Vous trouvez qu'il n'y a déjà pas assez de chômage?

Si bien qu'aujourd'hui encore, comme il y a dix ou vingt ans, mettre aux prises les pros et les antinucléaires, commence en combat de boxe pour finir en catch. En sumo. Que dis-je? En guerre de religion. Le dieu État contre la déesse Gaia : une Saint-Barthélemy menace à chaque prise de becquerels.

Barricades, embuscades, missiles contre-missiles, antimissiles, cela mitraille. Avec politiciens aux aguets : de quel côté vont-ils pencher? De toute leur âme fervente, ils cherchent à déceler le vainqueur pour le féliciter, eux qui l'ont, depuis toujours voyons, sincèrement soutenu de leur voix barytonnante – avec les mimiques convaincues apprises dans les cours de communication.

Et nous, pauvres consommateurs, simples abonnés d'EDF, éclairés par les feux de la bataille qui fait rage, que faire? Que penser?

C'est tout bête. Nous avons la frousse de ces radons, de ces rayons alpha prêts à nous ronger les entrailles. Nous avons tous, à nos heures, une écologie tremblante au fond des viscères. Mais nous avons aussi besoin d'électricité, enchaînés que nous sommes par nos chaînes haute-fidélité et nos machines à laver. Aussi regardons-nous, lourds de cette contradiction, souvent interloqués, s'empoigner, se battre et nous embrouiller, cher écolo, le club des fans de la pile-piscine, et les scouts waechtériens labellisés anti. Et nous en avons même un peu marre.

Nous nous posons des questions, oh! bien modestes. Nous nous demandons :

1. Si prétendre faire tourner les usines sans des sources d'énergie puissantes ne relève pas de la démagogie.

2. Si, en sens inverse, se lancer dans des campagnes de pub à la limite de la décence pour vendre son électricité tandis qu'on la brade à l'étranger, tout en conservant pour nous les déchets, est bien cohérent.

3. Si, tendre, au contraire, vers une réduction de la production, ne serait pas suicidaire.

4. Si, *a contrario,* ne pas assez peser les risques encourus ne relèverait pas d'un autre mode de suicide : comme de ne pas ramoner les cheminées d'une maison – la plus rustique bicoque étant un condensé d'écologie, j'ai retenu ta leçon : écologie vient de *oikos,* la maison grecque, et *logos,* la science.

Alors, dis-moi, si vous alliez vers un cessez-le-feu? Vers un cessez-le-fou?...

« Mazouté aujourd'hui, irradié demain » : le slogan claquait fort au vent des marées noires, à la veille de Plogoff. Mais la plupart de ceux qui le clamaient ne s'éclairaient pas à l'acétylène. D'un autre côté, dix ans plus tard, nous ne sommes encore ni tout à fait submergés par les hydrocarbures, ni entièrement irradiés. Nous avons peut-être eu de la chance : tâchons donc de continuer. Et même de faire mieux. Apprendre à vivre sans jeter d'anathèmes inconsidérés. Sans paniquer plus qu'il ne se doit.

Ne te semble-t-il pas que cela peut se faire à deux conditions : que toutes les précautions soient effectivement prises contre les dangers d'irradiations? Conviens, de ce point de vue, qu'en France, les normes de sécurité sont parmi les meilleures du monde.

La seconde est complémentaire. C'est qu'on cesse de nous mentir comme à des demeurés. Et là, que me chantes-tu? Elle fait douter que la première soit remplie?

Il est vrai que l'abonné d'EDF accepterait mieux le nucléaire – s'il n'y a pas moyen de faire autrement – en n'acquérant pas au fil des ans l'impression qu'on lui raconte n'importe quoi.

Il est également vrai qu'on pourrait écrire une lettre ouverte en parallèle à celle-ci : aux très savants atomistes qui nous prennent pour des cons. On leur expliquerait que leur morgue a fait d'eux les meilleurs agents recruteurs du mouvement écologique. Les plus sûrs moteurs des crispations frileuses.

Il n'empêche que nous ne sommes pas encore, avec notre vaisseau spatial, sur le radeau de la *Méduse*. (Toi, tu dirais, bien sûr, radon de la *Méduse*...) Mais allons-nous continuer, au cours des années qui viennent, d'apprendre les fuites dans les centrales et le nombre de curies dans les poubelles atomiques par des fuites de l'information? Allons-nous continuer d'assister au traditionnel et piteux rituel d'importants diplômés dont on dirait qu'ils ne connaissent qu'un langage binaire : mentir et démentir? Ah! les irradieux mensonges! Ce qu'on peut appeler le syndrome de Tchernobyl a fait des dégâts dans les consciences. Devant le silence des autorités consternées, on se serait cru, après la catastrophe, égarés dans la forêt pétrifiée de la Belle au bois dormant. Tu en as fait tes choux gras. Comment aurait-il pu en être autrement? Rappelle-toi.

En ce qui concerne les mensonges, il ne fait aucun doute que ce sont les Soviétiques qui ont donné l'exemple. Depuis la parution de documents comme celui de Grigori Medvedev, ancien ingénieur en chef à la centrale, *La Vérité sur Tchernobyl* (Albin Michel), on sait dans le détail ce qui s'est passé. Depuis aussi les conférences de presse d'hommes comme Vladimir Tchernousenko, physicien nucléaire responsable de la zone interdite de 32 kilomètres, créée autour de la centrale Lénine, après la catastrophe. La *glasnost* a desserré les dents.

Les hommes comme Tchernousenko n'ont plus rien à perdre. Irradié jusqu'à la moelle, il lui reste entre un et quatre ans à vivre. Selon son témoignage, les morts ne sont pas 31, chiffre grotesque auquel les autorités se sont longtemps cramponnées comme à un grigri, mais 7 ou 10 000. Les contaminés ne se cantonnent pas aux 49 000 habitants des localités proches de la centrale qui ont été évacués : 650 000 personnes tout aussi en danger sont demeurées sur place. Auxquelles il convient d'ajouter des dizaines de milliers de soldats et de mineurs promus pour l'occasion « héros de l'Union soviétique », 20 000 dès le premier jour, avec des rotations hebdomadaires dès lors que ces viandes à rads avaient eu leur dose de rayonnements. Des doses, en quelques minutes, à faire crever dix fois un rat ou un scorpion. « On envoyait ces pauvres bougres emmitouflés », raconte Tchernousenko dans un entretien accordé au *Spiegel* en janvier 1992, « perchés sur les décombres de la centrale avec des pelles. Ils emplissaient leurs pelles de graviers et les jetaient depuis le bord du trou dans le cœur même du réacteur sur lequel ils étaient penchés » : le Xe siècle à la fin du XXe. Comment ne pas être tout à fait anti, en lisant ces lignes?

Combien mourront encore? La plupart n'ont pas été soignés. Très vite renvoyés dans leurs foyers aux quatre coins de l'Union, ils s'éteignent à petit feu intérieur sous la cendre des peaux. Appelés et réservistes n'ont même pas, surtout pas, été inscrits sur le « fichier national unifié » des irradiés.

Six ans plus tard, presque au hasard, on découvre encore des zones dangereuses là où on ne s'y attendait pas : des prés mal fleuris par l'automne où les vaches, en broutant du becquerel, plus maléfique que le colchique, lentement s'empoisonnent; des jardins en plein Kiev où gambadent les enfants.

Depuis longtemps, on a eu confirmation de ce que la préoccupation première des autorités soviétiques fut de minimiser la situation avant de soigner la population. Ce n'était pas 3 % des 190 tonnes de combustible radioactif qu'avait libérés le réacteur, mais 60 à 80 %. C'est-à-dire quatre-vingt-dix fois Hiroshima. 6,4 milliards de curies : 6,4 milliards de fois les rayons alpha, bêta, gamma, le radon dégagé par un gramme de radium, cela non pas sur un périmètre de 32 kilomètres, mais sur un territoire vaste comme l'ancienne République démocratique allemande. Dans mille ans, si l'on ne se fie qu'à la désintégration naturelle, cette montagne crachant une mort invisible n'aura perdu qu'un millième de sa virulence. Pour en réduire la nocivité, l'eau de tous les fleuves de la terre ruisselant pendant cinquante ans n'y suffirait pas. Et d'ailleurs elle ne ferait que disséminer le mal.

Jusque-là, pourrait-on dire horriblement, rien de trop anormal. Mais en ce qui concerne les Occidentaux? Quelle fut leur attitude devant le désastre?

Quinze jours après l'accident, arrivaient sur place Hans Blix, patron de l'Agence internationale de l'énergie atomique sise à Vienne, et Morris Rosen, son directeur de la sécurité. Leur première mission fut, dirait-on, de calmer le jeu. « L'incendie est éteint » et le réacteur endommagé « enchâssé dans le béton », déclara à tout hasard le premier, alors que, cinq ans plus tard, au cours d'une conférence internationale tenue à Paris en avril 1991, le professeur Alexandre Brovoï de l'Institut Kourtchatov expliquait comment 1 000 m^2 de fissures s'étaient formés dans le sarcophage. A noter que ce dernier était à l'état de château de sable au temps de Blix. Et nous aurons, paraît-il, bien de la chance si quelque infernal hoquet, quelque incontrôlable spasme ne secoue pas le pitoyable bortsch d'ici quelques années.

Pour le second, les personnes touchées « n'ont pas été soumises à un puissant flux de neutrons, ce fait confirmant l'arrêt immédiat du réacteur après l'accident » (*Libération,* 10 mai 1986). Il faudrait demander au docteur Sergeï Gololobov, à Svetlana Kyrieva, aux praticiens impuissants de la clinique 14 à Kiev, et surtout aux enfants, des nouveau-nés parfois, foie et poumons rongés par la leucémie, chauves, gonflés de ganglions, ce qu'ils en pensent. Profitant de la liberté nouvelle, la Sovinfilm russe nous a montré des images d'épouvante en 1989. La Yorkshire Television anglaise a réitéré en 1991, précisant que les dossiers informatiques centralisés à Minsk, concernant 670 000 personnes irradiées, avaient disparu. « On a vu des vaches dans les champs, des gens au travail, des voitures dans les rues », poursuivait gaiement Rosen. Beaucoup de ces travailleurs ne sont plus là pour le démentir.

En France même, on se souvient de la mascarade. Le 6 mai 1986, dix jours après l'explosion, le ministre de l'Agriculture publiait un communiqué : « Le territoire français, en raison de son éloignement, a été totalement épargné par les retombées radionucléaires consécutives à l'accident de Tchernobyl. »

L'agricole ministre s'appuyait pour sa démonstration sur une opinion autorisée : celle du professeur Pierre Pellerin, directeur du Service central de protection contre les rayonnements ionisants (SCPRI), rattaché au CEA. Il venait de faire une déclaration digne de figurer dans l'Anthologie de l'humour noir, en bonne place, à côté de certaine modeste proposition pour empêcher les enfants d'Irlande d'être à la charge de leurs parents. « Les inquiétudes concernant le tourisme ou les missions en URSS ou dans les pays de l'Est sont sans fondement sanitaire. Les autorités soviétiques ont dès l'origine bien entendu consigné toutes les zones où de telles situations auraient pu ou pourraient se produire. La distribution d'iode... n'est ni justifiée, ni opportune... si l'on excepte les abords immédiats (50 km) du réacteur accidenté. »

A rapprocher de cette autre citation, de cinq ans postérieure : « Par sa démesure et ses conséquences, Tchernobyl est l'une des catastrophes majeures causées par l'humanité sur notre planète » (Tchernousenko).

Quelle mouche avait donc intoxiqué le professeur en charge d'un service si important? Pas une mouche : la colombe de l'Esprit saint. Pour un haut fonctionnaire, cela s'appelle la raison d'État. Pellerin était croisé au cœur d'une bataille. Au plus impénétrable de la guerre de religion. Un moine chargé d'une mission formidable : combattre l'Infidèle antinucléaire, faute de pouvoir le convertir. Monsieur Pellerin porte bien son nom : il a su montrer dans ces circonstances ce qu'était un homme de foi. Celle d'un charbonnier récusant les lampes babyloniennes au bitume extrait des pêcheries de la mer Morte, comme maléfiques. Beurk! Du pétrole!... Par la grâce de sa bible à rems, à becquerels et à curies, il vivait dans l'infaillibilité : « L'élévation relative de la radioactivité relevée sur le territoire français à la suite de cet accident est très inférieure aux limites réglementaires françaises, elles-mêmes fixées avec des marges considérables. Il faudrait imaginer des élévations dix mille ou cent mille fois plus importantes pour que commencent à se poser des problèmes significatifs d'hygiène publique. » Ce qui est sans doute exact par rapport à la situation en Ukraine ou en Biélorussie. Par rapport à un conflit nucléaire... Mais par rapport au bon sens? A la sensibilité commune? A ce qu'on ignore des effets lents des radiations?

Comme des hallebardes, il pleuvait sur les Allemands du becquerel à des doses suffisantes pour les inquiéter, eux. Mais c'était là-bas, de l'autre côté du Rhin. Chez nous, rien. Nos frontières étaient hermétiques aux vents. Comme la ligne Maginot aux Huns venus de l'Est. De quoi se demander si demain, dans des circonstances similaires, la même attitude de cachotterie ne se reproduirait pas, avec les même retombées prolifiques pour tes copains, mon écolo.

Il fallut des curiosités intempestives. Des inquiétudes qui, pour être privées, n'étaient pas dénuées de fondement. Plus des instruments de mesure. A Saclay, à Cadarache, on découvrait vingt à quarante fois plus d'iode dans l'herbe que d'habitude. A Nyons, du césium 137 dans le thym. En Alsace, de la saloperie dans le foin. Eh oui! il avait plu. Cette pluie insolente portée par le nuage n'avait pas respecté les postes frontaliers malgré notre force de dissuasion nucléaire. Cinq ans après, durant l'été de 1991, les habitants de Diebolsheim en Alsace s'avisèrent qu'il subsistait encore en certains endroits quatre fois plus de radioactivité que la moyenne départementale, presque le double de la moyenne nationale. Ils crurent à une erreur de virgule de la part des expérimentateurs. Vérifièrent. Mais non : il avait plu 16 millimètres d'eau mêlée à du césium 134 et 137 le 2 mai 1986. Toute la population s'était laissé exposer, au même titre que les choux et les salades qu'elle n'avait pas manqué de déguster, faute d'avoir été prévenue. De quoi te faire amèrement boire du petit-lait.

Rien dans tout cela qui puisse inquiéter le croisé Pellerin. Rien de mortel en effet. Après tout, le granite breton dégage bien plus de becquerels que l'Alsace, et l'humanoïde moyen en sécrète 120 par kilo de bidoche. Mais le thym de Nyons mis en petits pots parsème les grillades. Le foin, par vaches interposées, se mue en lait et en biftecks, eux-mêmes ornés de salades. Le seuil de tolérance de 600 becquerels par kilo pour les adultes et de 370 pour les enfants était largement dépassé. Il est vrai qu'un croisé ne mange pas. Seule la création d'un laboratoire indépendant, la CRII-Rad, Commission de recherche et d'information indépendante sur la radioactivité, permit d'y voir un peu plus clair dans les omissions. Et l'on s'aperçut alors que les chevaliers du Saint-Graal nucléaire, les chercheurs du trésor atomique, avaient prêté serment d'être discrets :

« Je jure de ne rien révéler des mesures effectuées » : paru au *Journal officiel* du 15 juin 1966. Cela fit mauvais effet. Pouvait-on croire vraiment que les assermentés travaillaient de bon cœur pour la transparence de l'information?

On découvrit ensuite un second serment : décret 83-100 du 10 février 1983, apostillé par quatre évangélistes du moment, Mauroy (Premier ministre), Chevènement (Recherche), Badinter (Justice), Hernu (Défense) : « Je jure... de ne rien révéler ou utiliser, directement ou indirectement, même après cessation de mes fonctions, de ce qui aura été porté à ma connaissance à l'occasion de leur exercice. »

Relents de guerre froide qu'on aurait souhaités obsolètes. On se demande quand en disparaîtront les traces.

Car il n'y a pas eu que Tchernobyl. Le 12 septembre 1991, *glasnost* aidant, la télévision soviétique confirma une autre catastrophe majeure : 400 000 personnes avaient été contaminées en 1957 dans la région de Tcheliabinsk, sur le versant Est de l'Oural, par une explosion survenue dans un complexe industriel de fabrication d'armes. 1,2 milliard de curies dispersés à l'air libre, un taux de leucémie augmenté de 40 %.

De l'effarant, même au pays des tsars rouges. Mais là aussi, étrange silence en Occident.

Dans son numéro du 16 janvier dernier, *L'Événement du jeudi* publiait sur le sujet un document du journaliste américain Mark Hertsgaard. Il y développait sur notre mutisme une thèse audacieuse, qui peut rendre perplexe : « Le drame de 1957, et la négligence des Soviétiques, écrit-il, offraient aux Américains de quoi alimenter leur propagande idéologique contre le communisme. Cependant, en insistant sur l'horreur de Tcheliabinsk, on risquait de braquer l'opinion publique et les décideurs occidentaux. Or, au même moment, Washington faisait un gros effort de communication pour ses propres programmes atomiques. Tout bien pesé, les autorités américaines ont préféré le silence. Un silence de mort. »

J'ai douté, je l'avoue, d'un tel machiavélisme. La chape de plomb qui couvrait l'Union soviétique, plus efficace que celle dont les ingénieurs avaient coiffé leurs centrales, suffisait à expliquer notre ignorance. Qu'aurions-nous su de Tchernobyl avant Gorbatchev? Qu'avons-nous su de Tcheliabinsk? Du « polygone de la mort », nom de code Semipalatinsk 21, au cœur du Kazakhstan? De ce qui se tramait dans la cité, hier secrète, de Kourtchatov où les ingénieurs aujourd'hui sans emploi sont prêts à se vendre au plus offrant? De ces bergers éleveurs parcourant sans méfiance une steppe au-dessus de laquelle 200 essais dans l'atmosphère avaient eu lieu avant 1964 – et s'ils ouvraient la bouche, ils disparaissaient au goulag –, si bien qu'à la deuxième génération, naissent encore des ribambelles d'enfants aveugles, sans bras, incapables de coordonner leurs mouvements, atteints d'aberrations chromosomiques, bercés par des parents secoués, disjonctés, quand ils ne se suicident pas...

De tels surcroîts d'horreur passent l'imagination : pourquoi l'anticommunisme caracolant d'alors n'en aurait-il pas profité, à condition d'avoir les informations?

Il en a profité. Mais avec retenue. Avec modération. Avec un sens de la mesure qu'éclaire cet écho dû à un « proche collaborateur du président d'EDF Pierre Delaporte », paru dans un *Figaro* de janvier 1992 : « Un nouvel accident comme celui de Tchernobyl ne serait pas seulement une catastrophe par lui-même. Il le serait également en termes d'image et de crédibilité pour l'ensemble de l'industrie nucléaire occidentale, et notamment française, alors que cette image et cette crédibilité se sont considérablement améliorées au fil des années. Au point que le “ fait nucléaire ” ne pose plus aujourd'hui de véritable problème dans notre pays. »

Les guerres de religion, vous dis-je. Merci Monsieur, de cette franchise. Pour qu'EDF puisse continuer à tirer 75 % de ses lumières du fracas muet des atomes, surtout, qu'un autre nuage n'aille pas emboucanner vos si pures épures! Qu'une poignée de macchabées n'aille pas faire désordre dans le tableau.

Si l'on ne barbote pas ici dans de l'irrationnel, autant jouer au bilboquet avec les atomes. Ces messieurs ont si peur que nous ayons peur, qu'ils passent beaucoup de temps à minimiser les dégâts : d'où nos craintes. Et chaque fois, tu marques un nouveau point.

Sans offrir pour autant de solution de rechange aux yeux de tes adversaires.

Le spectacle des anachorètes de la fusion ne manque ainsi pas de piquant : regards braqués vers l'Est, ils guettent, avec les experts de Vienne, les centrales de Bohunice en Tchécoslovaquie, de Kola, Novoronej en Russie, de Kozloduy en Bulgarie, à moins que ce ne soit la tranche numéro 2 de Tchernobyl qui a une fâcheuse tendance à faire des étincelles comme en octobre 1991, à moins encore qu'il ne s'agisse d'Ignalina en Lituanie, ou Sosnovyl Bor près de Saint-Pétersbourg, qui, à force de faire peur aux Suédois pour cause de proximité, a fini par être prise d'une bouffée délirante le 12 mars dernier. Laquelle va vraiment craquer la première? Et l'on entend ces croisés grommeler : « Ce n'est pas juste! Les seules fissures de notre programme nucléaire se trouvent à l'Est. Il faudrait engloutir des millions de dollars pour éviter d'autres désastres. Ou mieux encore, fermer tout ça. Pourquoi les Russes ne l'acceptent-ils pas? Après tout, ils n'ont plus de révolution. Plus besoin d'électricité! »

Sueurs froides autant pour les cotes d'alerte là-bas que pour la cote d'amour du nucléaire ici... Voilà mon vieux copain sur quel terreau ta propagande se greffe... Sur quels dépôts d'ordures... Mais d'un autre côté, toi, comment feras-tu fonctionner mon magnétoscope et ma télé?

Ah! que les atomistes n'utilisent-ils leurs loisirs, en attendant la prochaine catastrophe, pour balayer devant leur propre porte! Les poussières d'atomes qu'ils disséminent finissent par faire un stock impressionnant : des munitions pour toi quasi inépuisables.

Il faut bien dire que la pub d'EDF, toute sophistiquée qu'elle fût, aurait été encore plus honnête si elle avait évoqué le problème des déchets, dont certains menacent de nous gâcher l'environnement pendant des millions d'années. Depuis trente ans et plus, des milliers de fûts de cochonneries radioactives ont été éparpillés sur le territoire. A la sauvette. A la muette. Ils provenaient des usines de Pierrelatte, du Bouchet, de Malvesi. Nous ne demandons qu'à croire qu'ils ont été parfaitement conditionnés. Mais pourquoi la vérité doit-elle se faire jour comme au forceps? Pourquoi l'ancienne décharge du Bouchet, à Itteville, dans l'Essonne, à 50 kilomètres de Paris, a-t-elle fini par causer un scandale?

C'est que le CEA s'est efforcé de faire passer ce terrain vague, envahi par les broussailles et clos par des grillages rouillés, pour un lieu ordinaire. Trente mille tonnes de déchets radioactifs avaient échoué là. Ils y somnolaient, en plus ou moins bon état. Des résidus solides et des boues issus du traitement de minerais d'uranium, certains fort dangereux provenant de Madagascar. En 1990, le CEA proposa à la municipalité de réaménager le site pour en faire un « espace vert gazonné », avec « agrandissement du carrefour routier voisin ».

Aussitôt, tes copains du coin se butent, enquêtent, s'entêtent : jusqu'à obtenir de Michel Rocard un sursis au projet, et une série de campagnes de mesures de la radioactivité. Auxquelles le CEA a fini par se livrer, pour ainsi dire à reculons, sous le regard vigilant du Groupe de scientifiques pour l'information sur l'énergie nucléaire (SGIEN) et avec contre-expertise de la CRII-Rad et de la SGS Qualitest, société privée d'analyses minéralogiques. Jusqu'à ce que les Geiger grésillent. Et que les autorités admettent la présence de 10 à 30 grammes de radium ou plus sous la gadoue. D'où la décision prise par le CEA de racheter le terrain à la Société nationale des poudres et explosifs (SNPE), son propriétaire, pour le couvrir d'argile et de graviers afin de ramener la radioactivité à un niveau plus normal pour l'Ile-de-France. Avec surveillance obligatoire pendant les siècles à venir. Pourquoi ne pas l'avoir fait avant?

Le scénario est exemplaire de la guerre nucléaire : bétonné dans sa science, le CEA refuse de mettre en doute que sa démarche puisse être critiquable. Attaqué vertement, il nie, invective parfois, crache son dédain, se voit désavoué par les politiques sous la pression de l'opinion, et pour finir, noie le poisson. Je ne sais si au fond, tout au fond des poubelles, il a raison ou tort. Il a eu ses raisons pour agir ainsi sur le moment, et cela ne lui donne pas bonne mine.

Même désaveu à propos de la décharge de Saint-Aubin dans l'Essonne. Désaveu sur la petite rivière

Sainte-Hélène qui prend sa source près de l'usine de retraitement de La Hague, propriété de la COGEMA (Compagnie générale des matières nucléaires, filiale à 100 % du CEA). Elle charriait des radioéléments. La COGEMA devra désormais stocker ses rejets en fûts, enlever toute la terre contaminée depuis des années et établir un nouveau réseau de drainage des eaux. Je veux bien que ces radioéléments soient de la roupie de sansonnet nucléaire : ça la fiche tout de même mal. Bagarre autour des sites de stockage de Haute-Vienne et Saône-et-Loire, de Creuse, d'Aveyron et des Bouches-du-Rhône. Poussée de fièvre autour des 200 000 fûts découverts dans l'ancienne mine d'uranium, fermée en 1986, de Saint-Pierre, dans le Cantal, sur le canton de Saignes. La moindre perspective électorale, à l'évidence, ravive la polémique, même si tout le monde n'est pas convaincu que ces stockages soient réellement dangereux pour la santé. Car il arrive à tes petits copains de se faire un brin mousser, mon vieux.

Un seul point paraît limpide au profane dans toutes ces querelles : l'un des deux ment, ou du moins minimise. Ou gonfle exagérément les résultats. Si depuis l'origine, les têtes pensantes du CEA avaient pris le parti de la clarté, elles n'en seraient pas là. Le radon, c'est comme la sorcellerie : cela ne se voit pas. A force de prendre les grands sorciers de l'atome en flagrant délit de menteries, comment ne pas se méfier de leurs envoûtements?

D'autant que, jusque tout récemment, les autorités tutélaires n'y allaient pas par quatre chemins. Le dialogue avec ceux qui n'étaient pas d'accord se limitait aux CRS. Tu osais contrarier les savants décideurs? Leurs protecteurs envoyaient les matraques. Cela se pratiquait encore en 1990, sous Rocard, qui y mit fin. A Bourg-d'Iré, dans le Maine-et-Loire, l'un des quatre sites élus du temps de Chirac en 1987 pour abriter les déchets nucléaires, 800 CRS vinrent enseigner la physique des plasmas sanguins à un bled de 880 habitants. La même année, 250 Angevins ayant eu la fâcheuse intention de manifester leur inquiétude devant le ministère de l'Industrie, 200 policiers et CRS se chargèrent de leur apporter un digest du savoir à la gare Montparnasse : rentrez chez vous, y a rien à voir.

A Secondigny, dans les Deux-Sèvres, village voisin de l'un des sites élus par les élites parisiennes, le préfet mit les points sur les i des ilotes qui prétendaient s'immiscer dans l'irradiation. Il rappela au maire par courrier que « l'élimination des déchets nucléaires relevait de la compétence exclusive de l'État, le conseil municipal pouvant tout au plus faire usage de la possibilité d'émettre des vœux ».

Lesquels menaçaient de n'être guère enthousiastes. Cent Plogoff allaient recommencer. Et la guérilla des fantasmes tourner à la guéguerre civile.

Une illumination traversa alors l'esprit phosphorant des hommes politiques : et si on remplaçait la dissuasion des coups par l'appât du coût?

Ainsi naquit le 1er janvier 1992 l'idée d'une loi plus accommodante sur les déchets à vie longue, inspirée par le député socialiste Christian Bataille. Une somme de 60 millions par an est proposée aux deux communes dont on attend qu'elles se dévouent pour recevoir un laboratoire de recherche et de stockage souterrain. Aucun entrepôt clandestin ne sera désormais toléré. On attendra dix ou quinze ans avant un enfouissement définitif, à moins qu'une solution miracle ne soit trouvée auparavant : telle bactérie du fleuve Potomak, par exemple, la GS 15, repérée par les microbiologistes du centre de Reston en Virginie, dont ils jurent qu'elle est capable, en une nuit, de digérer des eaux gorgées d'uranium en solution (*Nature* du 4 avril 1991).

Finie dès lors, sur le papier du moins, la dictature de l'Agence nationale des déchets radioactifs (ANDRA), ce « lobby d'enfouisseurs », jusque-là succursale à 100 % du CEA.

Prière à EDF d'intégrer le coût de gestion des déchets dans le prix du kilowattheure. Assez des expertises en circuit fermé commandées par le CEA au CEA. Un peu d'enthousiasme est en outre réclamé pour accélérer les recherches sur le retraitement poussé des déchets. A nous les petites et les grandes commissions d'information : vive la clarté – pour l'électricité, cela semblait aller de soi. Vive la transparence – en matière de vitrification, elle s'imposait.

Et pour que tout soit bien « honnête », création d'un service télématique par le SCPRI afin de connaître le degré de radiations dans lequel baigne votre ville : tapez 3614, Téléray. Sous le regard vigilant d'un chat, pour le tarif réduit de 0,13 franc la minute, vous pourrez prendre votre pouls local en micro-rads ou en becquerels. Le jour où j'ai essayé, tous les chiffres étaient au-dessous du seuil critique. C'était bien rassurant.

Tout cela me paraît répondre à tes attentes.

En outre, pour te faire plaisir, Philippe Vesseron, un polytechnicien dont la carrière s'est déroulée en grande partie au ministère de l'Environnement, a été nommé par le CEA à la tête de l'Institut de protection et de sûreté nucléaires afin d'aiguillonner les mutations. Que voulais-tu de mieux? Tes désirs ne sont-ils pas comblés? Un rapport d'experts rédigé par Pierre Desgraupes, vice-président pour l'occasion du Conseil supérieur de la sûreté et de l'information nucléaires, t'a dressé une liste implacable du moindre boulon bizarroïde dans les plus éloignés des culs-de-basse-fosse. Qu'est-ce qui te chiffonne encore?

Cette loi n'est qu'un alibi.

Et badaboum! C'est reparti. Le tir à vue reprend.

Sous prétexte de transparence, elle ne sert qu'à faire avaler la pilule nucléaire aux gogos. Autant de gadgets à l'usage des industriels du nucléaire. Du pouvoir politique. Du CEA et de ses filiales, pris en flagrant délit de tricherie sur au moins 20 sites.

La commission Desgraupes, grognes-tu, propose en particulier un « seuil d'exemption » en deçà duquel toute la ferraille, la plomberie, les cochonneries en provenance des centrales pourront être « remis sans restriction dans le domaine public ». Au-dessous de 10 000, voire 20 000 becquerels par kilo, les débris de la première tranche de la centrale de Chooz, dans les Ardennes, à la frontière belge, qui est en cours de démontage, pourront être dilués dans d'autres matériaux et recyclés au gré des besoins, comme armature de maison, grille de square, ou morceau de voiture. D'où une radioactivité même faible, rajoutée à la radioactivité naturelle : ce que tentent d'éviter tous nos voisins.

Encore Chooz n'est-elle que la première d'une longue série. Cela s'use au bout de vingt ans, une centrale. D'où ta colère. « On légalise les déchets sans avoir posé le problème de fond : la politique énergétique française. Il n'y a jamais eu d'étude sérieuse sur les besoins des citoyens et sur les moyens de les satisfaire. On est partis sur un mythe : le nucléaire sûr et pas cher. On est partis sur les études EDF : doublement de la consommation tous les dix ans... On s'est contentés de prendre pour argent comptant le programme élaboré par la firme produisant de l'électricité. A quoi nous a conduits ce programme surdimensionné? A une débauche d'énergie induisant un gaspillage fabuleux et un taux de chômage record... A quand une vérité sur le coût réel du nucléaire, son poids sur le développement du pays? » Sans compter « une partie des déchets de retraitement des combustibles étrangers qui ne repartiront pas, parce que RIEN ne le prévoit dans les contrats » : j'extrais ces lignes d'un article indigné de Monique Séné, professeur au Collège de France, dans *Écologie-Infos* du 31 janvier. Tonalité générale : la France est une poubelle nucléaire, et tous les efforts du lobby ne visent qu'à nous faire accepter les prochaines centrales en remplacement de celles, décrépites, qui crépitent de radioactivité. Discrètement, déjà s'annonce la fameuse « centrale européenne » à eau pressurisée, nom de code N4+ qui entrera en service en 1998. Là tu hurles. « L'accumulation des déchets produits pour satisfaire la consommation égoïste des générations présentes (encouragée par la publicité indécente d'EDF) et pour brader à l'exportation l'électricité nucléaire, tout en gardant pour nous les déchets, devrait conduire à un changement de stratégie énergétique pour sortir progressivement du nucléaire » : ce discours vengeur est du doyen de la fac de droit de Limoges, Michel Prieur. Il n'est pas le seul de cet avis, loin de là. Cela n'a pas de fin. Il suffit de remonter le mécanisme pour qu'entre les pro et les anti, les gnons et les ions pleuvent.

L'irrationnel s'embusque à l'ombre du terre à terre. La suite du feuilleton figurera en bonne place dans votre journal habituel. Pour moi, n'ayant pas l'esprit religieux et qui ne parviens à adhérer ni à l'une ni à l'autre secte, il me reste à suspendre mon jugement. En attendant d'être excommunié par l'un et l'autre bord pour crime d'irrévérence. En Huron attentif, j'en aurai du moins attrapé la migraine.

Mais ce n'est pas tout encore. Une catastrophe supplémentaire nous guette. L'effet de serre sur lequel s'appuyait EDF pour vendre son nucléaire; ce missile Scud dont tu faisais usage pour attaquer les voitures à grosses cylindrées, le chauffage urbain, et les industries polluantes, eh bien, euh... Comment dire pour ne blesser personne? Aux dernières nouvelles, il ne semblerait pas totalement opérationnel non plus. Certes, nous polluons. Trop, c'est une affaire entendue. Mais enfin, l'effet de serre ne répondrait tout de même pas aux espérances que les catastrophistes y ont placées.

L'ouvrage fort savant de Claude Allègre, *Économiser la planète* (Fayard), avait commencé à me mettre la puce à l'oreille :

« Le lien entre fluctuations thermiques et fluctuations du gaz carbonique n'a rien d'humain. Il y a cent mille ans, aucune civilisation industrielle n'existait. »

Une étude parue dans la célèbre revue britannique *Nature* le confirme : il y a dix-huit mille ans, la température moyenne du globe était de 6° plus faible qu'aujourd'hui lorsqu'un brusque réchauffement s'est produit, qui a fait grimper les flots de 130 mètres. Et cela a continué comme ça, par saccades, par coups de boutoir. En – 10000 et – 7500 ont eu lieu deux autres terribles dégelées. On ne peut tout de même pas accuser les Cadillac et le hideux confort moderne d'y être pour grand-chose. Le responsable serait, selon Christopher D. Charles, de l'observatoire Lamont, et Richard G. Fairbanks, de l'université Columbia, l'inversion du grand courant sous-marin, le North Atlantic Deep Water, qui charrie les eaux glacées du pôle Nord vers les océans du Sud. Il aurait des caprices et des sautes d'humeur.

C'est donc lui qu'il faut juguler, plus encore que la croissance économique.

Lui et le volcan Pinatubo aux Philippines qui, à force de cracher des cendres et des poussières dans l'atmosphère, va sans doute pour quelques années faire diminuer la température du globe d'un demi-degré. Si bien qu'on n'y comprend plus rien. Même les vaches, ces machines infernales pourtant responsables d'une forte surproduction de méthane à force de ruminer, ne savent plus où donner de la mandibule.

Il y a bien des farceurs à la Société de géologie américaine pour avoir prétendu, en novembre 1991, que les dinosaures digéraient mal l'herbe des vertes prairies. D'où d'atroces flatulences qui les faisaient pétarader comme des diables de carnaval leur aérophagie. L'effet de serre en aurait alors été décuplé et ils en seraient morts. Depuis que j'ai appris cela, je regarde les vaches, leurs émules naines, d'un œil méfiant.

Tout cela n'empêchant pas la pollution humaine d'exister bel et bien : je l'ai rencontrée. C'était juste pour te ramener à un peu de bon sens, de scepticisme et de relativité.

Si tu as l'occasion, au prochain salon Marjolaine, de croiser Jimmy Goldsmith, n'oublie pas de discuter de tout cela avec lui. Notre monde est tellement fou. Et lui, tellement exemplaire de ce monde-là.

Jimmy : c'est l'un des plus glorieux des tiens. Il ne se contente pas d'être le papa de la ravissante Clio, d'avoir régné sur *L'Express,* sur l'étain, les mines d'or, le pétrole, l'agro-business en France avec la General Occidental, ni d'avoir acquis une renommée entre tous les golden papies, comme l'un des rois des coups fumants : depuis le printemps dernier, il affiche son intention de prendre la tête de l'éco-business mondial. Cela, c'est autrement sérieux. Ses déclarations au *Figaro Magazine* (25 mai 1991) sont claires : « Il n'y a pas de contradiction entre le profit, la compétitivité et l'environnement. » Enthousiasmant ainsi le *Fig Mag :* il « entre en écologie comme d'autres en religion, il montre d'une façon très spectaculaire que le libéralisme peut parfaitement investir contre la pollution et gérer la politique de l'environnement ».

Pour les fidèles de Gaia, c'est une affaire entendue : « Sir James a l'écologie dans le sang. » Une recrue de poids. Et un combattant de choc. Il a hautement déclaré la guerre à l'énergie nucléaire, allant jusqu'à attaquer EDF, Tchernobyl en tête, en juin 1987. Il a vaillamment combattu le pesticide et le colorant chimique. Créé une fondation Goldsmith pour « financer les grandes causes propres », suivant en cela l'exemple de son frère Edward, directeur de la superbe revue *The Ecologist,* et coauteur d'un très beau livre : *5 000 jours pour sauver la planète* (Le Chêne).

Mais enfin, les affaires étant les affaires, pourquoi ne te demanderais-tu pas, mon copain l'écolo, si le champion des raiders se lance dans une telle opération à titre uniquement gracieux, charitable et philanthropique? Donner à sa fortune le teint frais, l'air candide : soit. Se faire ratisser : certainement pas.

« Il faut que les capitaines d'entreprise comprennent que la protection de l'environnement est porteuse de concurrence, poursuit-il dans le même entretien. On sait maintenant que les éco-marchés représentent 300 milliards de francs en Europe et qu'ils sont très rentables. » Voilà du franc parler! La guerre État contre Gaia paraissait de prime abord relever de la théologie. Mais quand on connaît les budgets que les invectives recouvrent! Ah! Le fier enjôleur de sirènes vertes!

La seule ville de Paris (France) a utilisé pour sa propreté en 1991 6 500 employés, des centaines de véhicules spécialisés, trois usines d'incinération, avec un budget de 2 milliards de francs : Jimmy a raison de voir grand.

Une paille en plastique d'ailleurs, un grain de sable gadoueux à côté de l'énormité des sommes ingurgitées par les poubelles aux États-Unis. Waste Management, qui s'est taillé le plus joli pactole d'ordures au monde, tire de ce gâteau de quoi égaler le chiffre d'affaires de l'industrie française du déchet tout entière : 16 milliards de francs. Il est vrai que l'Américain moyen le gâte : il produit deux fois et demie plus de détritus qu'un habitant de l'hexagone, lequel est, bien entendu, un recordman au regard du petit Philippin dont la première source de revenus, depuis l'éruption du Pinatubo, est l'exploitation des débris laissés par la base américaine située juste au-dessous.

Pour protéger l'ensemble de l'environnement, c'est la somme vertigineuse de 115 milliards de dollars qu'ont dépensée les États-Unis en 1991, soit 2,1 % de leur gigantesque produit national brut. Ils pensent atteindre 185 milliards en l'an 2000, à condition toutefois que de nouvelles réglementations ne viennent pas alourdir la facture. Les entreprises en paient à peu près 60 %, et ce n'est qu'un début : une loi récente, destinée à lutter contre la pollution atmosphérique, le *Clean Air Act* va augmenter la note d'une cinquantaine de milliards de dollars.

Ces chiffres écrasants et ces efforts fabuleux, mis en perspective avec les revendications du tiers monde, donnent la mesure de l'ampleur du conflit. Qu'est-ce que la Malaisie ou le Sri Lanka peuvent contre cela? Quand on étale d'aussi énormes mises sur le tapis vert, on a envie d'emporter le banco mondial. Tu ne te plaindras certes pas que ces investissements abondent dans ton sens. Mais ils impliquent une frénésie de rendement qui ne relève guère de ta philosophie.

Les industries chimique, pétrolière, automobile et les producteurs d'électricité, qui sont privés aux États-Unis, hurlent qu'ils sont écorchés par les frais. C'est vrai. Mais d'autres en profitent. Ou eux-mêmes, autrement.

Du Pont de Nemours, le roi de la chimie, après avoir inventé le bas nylon et ruiné la santé de milliers d'ouvrières par ses émanations toxiques, vient par exemple en tête avec 1,4 milliard de dollars jeté pour ainsi dire en l'air pour se conformer au réfrigérant *Clean Air Act*. Le chiffre sera quatre fois plus élevé en l'an 2000.

Mais ne pleure pas trop. Du Pont figure en effet parmi les dix plus importants pollueurs des États-Unis. N'y aurait-il pas un rapport entre les sommes englouties et sa hâte à démarrer en *pole position* des croisades en faveur de la couche d'ozone, spray sans CFC au poing? Ce que Du Pont chimiste dépense d'un côté, Du Pont écolo le récupère de l'autre – en se payant sur l'éco-consommateur – puisque celui-ci se déclare disposé à investir davantage dans des produits non polluants.

La boulimie de propreté n'ayant d'autres limites que celles de l'économie elle-même. Les futures « voitures propres » coûteront 5 000 francs de plus que les modèles actuels. Déodorants, laques, produits de nettoyage et même vernis à ongles, s'ils devaient être totalement inoffensifs, coûteraient eux aussi beaucoup plus cher, jusqu'au seuil à partir duquel le consommateur ne pourrait plus suivre et où les plus grosses industries s'effondreraient devant la concurrence étrangère, si celle-ci ne marchait pas au même pas.

De là tu as compris, je pense, l'intérêt pour les Américains d'une conférence comme celle de Rio, à condition de réussir à obliger les autres pays à s'aligner sur les États-Unis. Pour de sordides questions de sous, les sous-développés seront bien obligés de craquer, sauf ceux qui en croquent. Et c'est ainsi, mon fils, que le serpent écologique se mord la queue.

A ce propos : si on parlait du trou dans la couche d'ozone? C'est l'un de tes triomphes. Ta perspicacité, en vingt ans, a sauvé le monde d'un cataclysme sournois : un trou se formait au-dessus du pôle Sud, bientôt du pôle Nord, dans l'ombrelle de gaz qui nous protège du bombardement des rayons ultraviolets. Car ces rayons ne servent pas seulement à nous faire bronzer : à haute dose, ils peuvent tuer.

Les trous, qui finissent tout de même par atteindre la dimension du continent américain et qui menacent à présent l'Europe de Moscou à Berlin, l'homme, de notoriété publique, en est responsable avec les émanations de certaines entreprises : l'emballage, la parfumerie, les frigos, le plastique, l'électronique, qui utilisent toutes, sous diverses formes, un cocktail gazeux connu sous l'identité de chlorofluorocarbones pour le nom savant, ou plus familièrement de CFC. Une chose très pratique, neutre, sans danger apparent, et qui s'est révélée capable de ronger à retardement notre brave atmosphère à des doses incroyablement réduites.

Te voilà donc le héros d'une épopée.

Ce n'est pas faux. Mais la réalité est un peu plus subtile, beaucoup plus amusante, et si tu y as tenu ta partition, des roulements de tambours et des grondements de cuivres autrement puissants ont recouvert ta voix.

L'humanité avait vécu sans souci de ce trou-là jusque dans les années soixante : période pendant laquelle sortirent des planches à dessins les projets d'avions supersoniques : Boeing 707, Tupolev 144, et surtout Concorde – qui fut d'avance accusé de tous les maux par le lobby vert américain, soutenu dans l'ombre, comme par hasard, par le constructeur rival, Boeing. Que n'a-t-il entendu ce malheureux Concorde! Pareil au poinçonneur des Lilas de Gainsbourg, il allait, à force de voler, forer dans le précieux ozone des petits trous, encore des petits trous jusqu'à en faire de la charpie. C'était prouvé, c'était certain. Une flottille de 800 supersoniques lancés à l'assaut du ciel, et c'étaient les termites, les fourmis rouges, la fin du monde.

Par bonheur pour lui, la navette spatiale vint à temps prendre le relais, avec ses propulseurs d'appoint, les « boosters » qui émettent de l'acide chlorhydrique. Là, ç'allait être déchirant. Pour peu que l'Europe, l'Union soviétique, la Chine, les Japonais s'avisent de lancer chacun leur navette, il ne nous resterait plus que des lambeaux d'ozone pour nous moucher dans les étoiles en priant un ciel sans pitié, avant de définitivement griller. La rumeur, la peur d'avoir peur grossirent le danger jusqu'à donner naissance dans l'opinion à des visions d'apocalypse : brrr! nous sommes tous coupables. Nous allons être anéantis. C'était divin.

Comment? La fin du monde n'est pas encore venue? Qu'importe! ce n'est pas une raison. Ce n'est jamais une raison. Comme chez les cartomanciennes ou les spécialistes du marc de café, aucune évidence d'erreur, aucun flagrant délit ne décourage jamais le besoin de croire en d'inéluctables, de vengeresses catastrophes en forme de châtiment pour nos fautes. Bien entendu, tu n'y es pour rien : mais quel inépuisable fond de clientèle cela te fait!

Dans le cas qui nous préoccupe, ce fut en 1974 que les Américains Mario Molina et Jerry Rowland innocentèrent le Concorde en démontrant la menace que faisaient peser les CFC sur l'ozone de la très haute atmosphère. Et en mai 1985 seulement que Farman, Gardiner et Shanklin, trois chercheurs du British Antarctic Survey, apportèrent, dans *Nature*, la révélation du fameux trou.

L'opinion publique avait eu dix bonnes années pour s'échauffer – oserais-je dire dans le vide? – et l'émotion n'avait cessé de grandir, travaillée au corps par les spécialistes de l'atmosphère de la NASA, alors en panne de missions spatiales après une série de programmes désastreux. « Vers le milieu des années soixante-dix, les missions spatiales marquèrent le pas », écrit Claude Allègre dans *Économiser la planète* que j'ai déjà cité. « La NASA s'est engagée dans des programmes désastreux; on ne distingue plus bien l'avenir de la navette spatiale... Le problème de l'ozone et plus généralement les dangers potentiels touchant l'atmosphère leur apparaissent comme une bouée de sauvetage providentielle. Ils ne vont pas la laisser passer et se transforment à cette fin en infatigables propagandistes. » Le trou d'ozone? Et si c'était la caverne d'Ali Baba? A condition de bien faire mousser le produit. D'en faire une bombe, en fonction de l'adage : pas de danger, pas de projet, pas d'urgence, pas de finance. Et en comptant sur ces as de la communication, que sont les crânes d'œuf de la NASA! Grâce à eux, en effet, l'ozone devint question de vie ou de mort.

La mayonnaise n'aurait cependant pas pu prendre sans un adjuvant essentiel : celui de notre héros Du Pont de Nemours. On ne célébrera jamais assez le génie commercial de firmes de cette envergure. Les responsables avaient senti le vent de la pollution tourner contre les CFC. Ils étaient prêts. Ils ne contrôlaient « que » 25 % du marché : pourquoi ne pas se ruer dans ce merveilleux trou, afin de prendre de vitesse les concurrents, en lançant des produits de nature à sembler plus naturels?

L'existence même du trou n'était alors pas complètement établie. Mais qu'importait? Puisque les produits de remplacement, eux, étaient prêts. Je ne sais si tu l'as remarqué, c'est une coïncidence qui recommence souvent. On n'a commencé à s'aviser de la nocivité du DDT que le jour où un industriel trouva un meilleur produit.

Mais le trou ne se laissait pas faire. Il n'était pas commode à cerner, tant se révélait complexe le traitement statistique des observations faites sur le maelstrom prodigieux, le vortex, qui tourbillonne chaque année au-dessus de l'Antarctique en septembre et octobre, avec des vents de 300 kilomètres à l'heure et des températures de − 85°. Il aura fallu l'ausculter par-dessous, par-dessus, avec satellites, ballons-sondes et armadas de spécialistes pour se faire à peu près une idée. En tenant compte des illusions de perception. En réservant de vastes marges d'appréciation s'agissant de données aussi volatiles. En incluant, pour faire bisquer les inventeurs d'infaillibles modèles, des inversions de tendances comme en 1987 ou 1988. On en est à peine là en 1992 après les investigations minutieuses de la NASA et des Européens.

Mais en 1985, alors qu'on ne savait encore pas grand-chose, c'était l'urgence. La convention de Vienne bannissant les CFC fut signée à la va-vite avant même la découverte du trou antarctique. Le protocole de Montréal fut ratifié dans la foulée en septembre 1987, par 27 pays, dont les États-Unis, le Canada, les pays scandinaves et l'Europe des Douze : la bombe, bien amorcée, avait fonctionné. Cela, malgré de graves débats, les pays du tiers monde refusant de payer pour les trous causés par les pays riches. L'Union soviétique, l'Inde et la Chine en particulier, désireuses de développer leurs propres industries du froid et de la climatisation, ne se montraient pas disposées à sacrifier leur développement sous prétexte d'un environnement gâché par le Nord. La guerre en dentelles d'ozone allait se solder par un compromis quelque temps plus tard à Londres.

D'où le commentaire désabusé de Claude Allègre : « Le cas de la couche d'ozone est exemplaire à maints égards. Une science sans certitudes, une médiatisation générale, des prises de position politiques hâtives et pas toujours bien informées, des influences industrielles motivées surtout par le profit, des déclarations de scientifiques parfois plus préoccupés de retombées budgétaires que de vérité, des pays du tiers monde attentifs et intéressés, mais qui ne sont pas disposés à payer à la place de ceux qui sont à l'origine des pollutions : tout y est. »

Nous sommes loin de la vision bon enfant et chaleureuse de la société à laquelle j'étais prêt à me laisser convertir.

Et voilà pourquoi des millions de civilisés rythment désormais leur réveil avec des pschitt-pschitt dépourvus de CFC.

Et voilà subsidiairement pourquoi, de temps à autre, des gens sont défigurés à vie – quand ils survivent – pour avoir entrepris de chasser des fourmis de leur salon, comme à Chantilly, dans l'Oise, avec une bombe insecticide qui portait bien son nom de bombe, armée qu'elle était d'un gaz propulseur inflammable. Ce fut le cas de Denis Benoliel le 22 février 1990. Une malchance à coup sûr : quelques accidents à peine ont été répertoriés parmi les 400 millions d'utilisateurs chaque année en France. Mais le calcul peut paraître surprenant de pousser le souci d'un danger potentiel pour l'humanité jusqu'à mettre en danger l'existence des humains. Je ne crois pas que Denis Benoliel ait eu envie de plaisanter en découvrant les motivations peinturlurées de vert auxquelles il doit son malheur.

Depuis lors, la situation ne va pas sans contraste ni équivoque.

Triomphe retentissant de la NASA, forte de sa

gigantesque campagne d'exploration scientifique, menée avec des gadgets faramineux, dont l'UARS (Upper Atmosphere Research Satellite), le plus gros satellite jamais propulsé pour observer la haute atmosphère, plus des flopées d'Œil de Lynx et autres géants verts qui seront mis en place d'ici à 2020 dans le cadre du programme « Mission pour la planète Terre ». Pour les Américains, le pire est proche, y compris dans l'hémisphère Nord. Michael Kurylo, patron de la mission, a semé la panique à la fin février en lançant : « Nous prévoyons une destruction de l'ozone que nous espérons temporaire, pouvant aller jusqu'à 1, voire 2 % par jour au-dessus de certaines zones. » Si l'on ne te précise pas qu'à condition de faire attention, cela peut s'arranger, tu te prépares à rendre une âme collective. L'humanité fautive ne saurait continuer longtemps à perturber ainsi le cours immuable de la Création avec ses industries diaboliques.

Le succès médiatique d'une telle dramaturgie était assuré. Michael Kurylo venait, sans attendre le résultat final des opérations, de rentabiliser les investissements décidés à Washington.

Greenpeace prédit illico l'agonie de la planète. Les Amis de la Terre y allèrent de 15 % de cancers de la peau supplémentaires, agrémentés de cataractes et de presbyties, plus une chute de la photosynthèse fatale aux récoltes et aux plantes : d'où famine universelle. Le Sénat américain, étranglé d'horreur sainte, réclama d'une seule voix le bannissement des polluants. Et George Bush, pour une fois, leur emboîta le pas. Question de vie ou de mort – pour sa carrière. La campagne présidentielle battait son vide en ce qui le concernait. S'étant fait mal voir des *Greens* qui poussent si dru aux States, il ne pouvait manquer l'occasion de se blanchir à leurs yeux en brumisant à tout hasard contre les CFC.

De ce côté-ci de l'Atlantique, la partie en cours étant moins enfiévrée et les intérêts moins imbriqués entre le lobby industriel et le pouvoir politique sous les yeux d'une opinion assoiffée de sécurité métaphysique, on se montre plus pondérés.

Les scientifiques de toutes nationalités regroupés au sein de la campagne EASOE (European Arctic Stratospheric Ozone Experiment), dotée d'un budget de 50 millions de francs et d'une panoplie complète de superbes joujoux, affichent simplement le sourire modeste de bons professionnels. L'ozonicide n° 1 serait peut-être bien, en effet, le CFC humain, disent-ils, mais le Pinatubo, avec son rut de juin 1991 et les 20 millions de tonnes de dioxyde de soufre qu'il a crachées, a puissamment aidé à mettre la dentelle en charpie. Soufflant le froid, il a joué le rôle, à lui tout seul, de beaucoup de petits aérosols à se vaporiser sous les bras. Sa part de responsabilité étant encore, à l'heure où j'écris ces lignes, difficile à apprécier.

Deuxième suspect dans la ligne de mire : une anomalie climatique. « L'anticyclone qui est resté bloqué tout l'hiver sur l'Europe a engendré des remontées d'air tropical », constate Jean-Pierre Pommereau, du service d'aéronomie du CNRS (*Libération*, 22 février 1992). « C'est un air plus pauvre en ozone que celui des hautes latitudes. L'arrivée de ces masses d'air a sans doute contribué à la baisse des teneurs observée, par un effet de dilution. »

Nous voilà tout de même assez loin de la disparition imminente de la race humaine pour cause de pschitt. Entre les observations scientifiques complexes, contradictoires, déconcertantes et tes prophéties millénaristes exigeant de changer illico un ordre social convaincu d'irréversibles dingueries, il y a un gros trou. Celui qui sépare la recherche objective de l'acte de foi.

Admettons que les CFC soient responsables d'une bonne partie de la déchirure : les bombes elles-mêmes ne représentent plus en France que 20 % de la production nationale. Aux États-Unis moins encore. Y-a-t-il là de quoi nous bombarder à ce point de slogans bombifuges? Pour nous pousser aussi violemment à sacrifier ces gaz à coup sûr nocifs au cours de cérémonies propitiatoires sur l'autel de Gaia, ne peut-on soupçonner l'existence d'intérêts colossaux? Le jeu de puissances financières qui n'ont nullement envie de retrouver un trou dans leur cash-flow?

Deux milliards de dollars, soit 10 milliards de francs : c'est le marché mondial des CFC et de leurs substituts. Il est partagé entre une quinzaine de géants, Du Pont bien sûr, et par-derrière, le français Atochem et le Britannique ICI. Mais tu peux multiplier par 1 000 le chiffre d'affaires si tu tiens compte de toutes les filières industrielles liées aux CFC. A ce tarif, l'appui, même tardif, du président Bush était le bienvenu : l'écologie mène à tout à condition de savoir s'en servir... *Small* est peut-être *beautiful,* mais *big business* l'est davantage.

Lancer des produits de substitution sur le marché demande en effet du temps et des investissements considérables pour ces mastodontes : 2 milliards de francs pour Atochem, 5 pour Du Pont, à supposer qu'on ne découvre pas un jour dans les ersatz des tares pires que celles du CFC. Ce qui les contraindrait à repartir de zéro.

Imagine à présent, juste pour rire, que les particules en suspension du Pinatubo retombent sur le sol. Et que cela suffise à faire reprendre à notre parasol une allure moins inquiétante : quelle déconfiture financière! Quelle dérision aussi! Tant de discours sur la nocivité des sociétés humaines pour un phénomène naturel! Tu connais la versatilité de l'opinion et la perversité des médias : certains, y compris dans tes rangs ceux qui ont tant crié « au trou », ne pourraient-ils pas courir le risque de se faire traiter de charlatans? Ce n'est qu'une hypothèse, bien sûr. Mais tant que tout n'est pas solidement démontré...

En ce qui me concerne, après tant de mystères, au moment d'acheter mon déodorant machin qui-n'attaque-pas-la-couche-d'ozone, je suis beaucoup plus perplexe. Pschitt-pschitt ou pas pschitt-pschitt? Affreux à dire : je me sens modérément concerné.

Quel que soit le domaine abordé, le scénario est à peu près identique. Des chercheurs découvrent un motif de frayeur. Tu hurles au loup. Nous tremblons comme des gosses trébuchants qui viennent de quitter leur berceau, lancés dans l'aventure inconnue de la vie.

Les industriels, ces grandes personnes attentives, se précipitent avec onguents et potions magiques. Et les vendent le plus cher possible, en clamant qu'ils se dévouent à la cause de l'humanité. Toi, cependant, tu continues de discuter des mérites des nouveautés légumières du bout de ton jardin. Quand tu ne bats pas la campagne en vue des prochaines élections. Et la boîte de Pandore demeure béante d'où sortent pêle-mêle éco-business, éco-marketing, éco-pub, sans que tu paraisses le remarquer. A quelle sauce allons-nous être dévorés? Lorsque j'entends Waechter et Brice Lalonde se battre pour une candidature, je me demande s'ils sont dans le vif du sujet.

En fait, il en va de la pollution, comme des microbes : il y en a partout. Cela aussi Monsieur Jourdain aurait pu l'apprendre de son maître de philosophie. Le rêve d'une société chimiquement pure, cette obsession de puritains anglo-saxons, est en passe de nous contaminer. Révoltons-nous. Nous ne voulons ni vivre parmi les poux dans une bauge planétaire où le ménage ne serait jamais fait, ni dans un labo aseptisé où les fromages français au lait cru seraient interdits.

La pollution, l'homme la sécrète depuis l'origine des temps à la mesure de ses moyens. Il faut se faire une raison. Les tribus primitives d'Afrique obtenaient de ce point de vue de fort beaux rendements en brûlant la forêt sur des territoires immenses qu'ils transformèrent en latérite à jamais infertile : on ne va pas les en féliciter. Mais ne faisons pas non plus semblant de voir dans la pollution une maladie due au seul monde contemporain.

Le XIXe siècle et notre siècle débutant se sont particulièrement distingués en détruisant les individus avec la même indifférence rapace qu'on saccageait la nature, et je serais bien heureux si la révérende mère Bardot daignait avoir pour nos grands-parents des mines et des fabriques un éclair de pensée, au milieu de ses louables abois en faveur des bébés phoques.

Malgré le charme irremplaçable du supposé bon vieux temps où l'on vivait dans l'*authentique,* les conditions de l'existence n'ont pas empiré aujourd'hui. C'est le contraire qui s'est produit, et ce sont simplement les effets pervers du mieux-être que nous payons. Les retours de bâton d'un progrès bien réel. Non pas je ne sais quelle malédiction.

Nous polluons? Soit. Chacun le fait. Le citoyen rangé avec son spray, son feu de bois, les piles de son baladeur et le pot d'échappement sur l'autoroute des vacances. Mais il fait aussi le ménage chez lui.

Le petit industriel pollue plus grand. Il est donc normal qu'il fasse un ménage à sa mesure. Mais est-il nécessaire de créer un parti politique spécial pour cela? Est-ce que les règles communes ne suffisent pas, et, si elles ne sont pas bonnes, ne suffit-il pas de les changer? Sur 500 000 entreprises françaises, 5 000 présentent des risques importants, 500 des risques majeurs, et il y a en tout 650 inspecteurs pour les surveiller : c'est là que le bât blesse. L'affaire est d'abord technique, pas politique. Les normes étant en outre assez souples, seuls malchanceux, maladroits ou inconscients se font épingler. Tanneries, abattoirs, garages, teintureries, papeteries : tous les égouts sont dans la nature. En 1988, c'est la Protex, fleur des peintures tourangelles qui réussit à priver 100 000 personnes d'eau potable à force de cyanure entre Loire, Cisse et Brenne. En 1983, c'est la distillerie coopérative des vignerons de Vallon-Pont-d'Arc qui rajoute des substances assez imprévues aux eaux de l'Ardèche pour y faire flotter d'un coup 40 tonnes de poissons sur le dos. Dans l'Allier, en 1989, c'est la RPNA, spécialisée dans la nutrition animale, qui rejette assez d'acide sulfurique dans l'Aumance pour y faire suffoquer tous les goujons. Dans le Nord, c'est Mac Cain, l'as des frites surgelées, qui libère assez de rejets organiques dans les rivières du cru pour y faire cuire les tanches. A Dijon, c'est Amora qui rejette plus de 500 kilos d'hydrocarbures dans l'air, soit quatre fois plus que les raffineries les plus polluantes : vous avez remarqué au passage, que nous sommes censés, avec nos fidèles compagnons, ingurgiter les produits concoctés dans ces hauts lieux de la gastronomie. Bon appétit, Messieurs...

On ne peut évidemment pas vivre de cette manière et il faut mettre un frein à ce genre de comportement. Arrêter les pluies de dioxyde de soufre et d'oxyde d'azote que crachent sur Gardanne les usines chimiques. Empêcher le monochlorure de vinyle d'être allégrement répandu dans les airs par Atochem à Saint-Auban, dans les Alpes-de-Haute-Provence. Je ne vois cependant pas pourquoi ces histoires, qui relèvent de négligences, d'abus, voire de mépris caractérisé, devraient impliquer une vision du monde catastrophiste et quasi mystique. Pourquoi le fait de supprimer ces vices de fonctionnement nécessiterait un projet global de société « radicalement autre ».

Lorsqu'une région entière est atteinte par l'alliance au sommet des grands de la chimie et de la pétrochimie, comme le sud de Lyon ou la zone industrielle du Havre où sévissent pêle-mêle EDF, Total, Thann et Mulhouse, dégageant bruits, odeurs, poussières, le cas devient plus spectaculaire. Mais la nature du mal n'est pas différente. Car si ces géants ravagent la région concernée, en même temps ils la font vivre. Il ne s'agit donc ni de les laisser assassiner un pays, ni de décréter d'un trait de plume, au fil d'un programme électoral alléchant, la fin de la pétrochimie – qui rend bien des services. A ce niveau, les problèmes à considérer sont simplement plus compliqués, quelquefois même croquignolets.

Prends Rhône-Poulenc. Voilà une firme dont le PDG, Jean-René Fourtou, nage, aussi habilement qu'il le peut, entre deux eaux saumâtres. Deuxième producteur de phosphates du monde avec un chiffre d'affaires annuel de un milliard de francs, Fourtou, en juillet 1989, s'est mis à faire feu de toute son artillerie contre la lessive Le Chat. N'osait-elle pas vanter sans vergogne, à coups de spot télé, les mérites de sa poudre sans phosphate? De quoi voir rouge. D'autant que le produit se vendait bien.

Rhône-Poulenc a aussitôt investi 7 millions de francs pour développer le thème : « Faut pas prendre les verts pour des bleus », tendant à démontrer que « ce sont les lessives phosphatées qui respectent le plus l'environnement » (extrait du communiqué).

On ne peut qu'applaudir à la déclaration liminaire de Rhône-Poulenc : « Bienvenue dans un monde plus pur, plus propre, plus responsable. »

Cependant, comme le fit alors remarquer *Le Canard enchaîné,* Rhône-Poulenc, drapé dans sa toute neuve vertu, oubliait un rapport du secrétariat d'État à l'Environnement, « Cartographie de la pollution industrielle », datant de la même période, qui le sacrait « champion de France pour les déversements en rivière de matières toxiques. En 1987-1988, ce groupe s'était classé premier pour les rejets d'aluminium, d'arsenic, de fer, d'acide sulfurique, de titane et de manganèse. Et arrivait en deuxième position pour le chrome, les phosphates, les sulfates et les matières organiques en suspension. Les chlorures, le phénol et le plomb lui valant une modeste médaille de bronze. Des accessits tout à fait honorables lui étaient également décernés pour le calcium, le cyanure, le nickel et le zinc ».

Assurément, personne n'est parfait, et que l'industriel qui n'a jamais pêché dans des marais troubles lui jette le premier caillou phosphaté. A cette occasion, le *Canard* fit remarquer, d'une manière plus générale, que les six « agences de bassin », créées par le ministère de l'Environnement, dans le but de nettoyer nos belles rivières et les nappes phréatiques sous-jacentes, sont elles-mêmes contaminées de l'intérieur, par le biais des conseils d'administration où siègent les industriels pollueurs : d'où marchandages surfins, pots de vinaigre et coups d'épée dans l'eau sale. Mais comment l'éviter? Les agences sont trop pauvres pour subvenir à leurs propres besoins sans l'apport des pollueurs.

Si bien que, pour finir, de drames en transactions, l'opinion est souvent amenée à jouer les arbitres, le boycott faisant partie des moyens de pression. Ainsi dans son numéro de septembre 1991, *Que choisir* demandait la mise en quarantaine des lessives avec phosphates, beaucoup plus dangereuses que les autres, et dont la survie n'est assurée que par le laxisme des pouvoirs publics :

« Pour *Que choisir,* explique en effet *Libération* du 8 septembre 1991, l'importance de la société nationalisée Rhône-Poulenc, seul producteur français de phosphates, n'est peut-être pas étrangère à la timidité de la législation. Cette activité génère 700 millions de francs de chiffre d'affaires pour la société... Selon une étude des agences de l'eau, une interdiction totale des phosphates obligerait Rhône-Poulenc à fermer au moins un des deux sites de production. Et Rhône-Poulenc aurait d'autant plus à perdre qu'il fabrique également des produits de déphosphoration. »

Tout cela devant se normaliser avec la création de ce que *Le Monde* appelle un « lobby industriel antipollution » : l'association des entreprises françaises pour l'environnement où se retrouvent, aux côtés des rois du phosphate, 14 grands groupes, dont L'Air Liquide, EDF, Hydro-Azote, Total, Lafarge-Coppée, Pechiney, Usinor-Sacilor, tous pollueurs chevronnés.

Le propos est futé : ces grands seigneurs vont utiliser la cagnotte de 17 millions de francs dont ils disposent déjà grâce à leurs petites cotisations, pour financer eux-mêmes les programmes de dépollution, non pas tout à fait à leur guise, mais avec une fort large liberté de manœuvre. Ils ont en outre l'intention de faire entendre partout leur voix puissante, à Bruxelles comme à Paris, où ils aimeraient bien qu'elle couvre celle des écolos trop vétilleux comme des ministres de l'Environnement par trop empoisonnants.

Allons! Rigole un brin, même si ce genre de révélations te titille un peu l'endoderme. C'est le nerf de la guerre économique qui est en jeu. Le sens à donner à la vie sûrement pas.

Et si à tout prendre, mieux valait encore de telles récupérations, parfois scandaleuses, que rien du tout, ou bien des cascades de catastrophes à la Bhopal ou à la Seveso?

Le moyen de l'éviter ne paraît pas figurer au catalogue des inventions du concours Lépine. Et ce ne sont pas des prêches qui vont dissoudre les grumeaux des faits, par essence têtus. Ce n'est pas avec un dé à coudre et une petite cuiller que nous allons nettoyer l'étang de Berre ou le lac Baïkal. La planète est imprégnée par l'homme, ses créations et ses déchets, de manière irréversible. Et tellement colossale qu'il faut des remèdes à la mesure du mal. Les industries et les banques nous feront peut-être tous crever. Sans elles, mon pauvre copain, malgré ta vaillance et ton imagination, tu ne peux rien.

Tu as d'ailleurs sous les yeux un bel exemple de ce qui peut advenir d'une société où ce processus d'autorégulation par les pollueurs les plus fétides est paralysé : les pays de l'Est. L'ex-URSS et ses anciens satellites représentent un modèle admirable : celui de ce qu'il ne faut pas faire. Pendant soixante-quatorze ans, la moindre velléité de protestation de tes amis locaux y fut impitoyablement châtiée. Le résultat est fumant.

Pendant soixante-quartorze ans, l'URSS a en effet fonctionné sur un slogan : « La révolution, c'est les soviets plus l'électricité. » Dans l'industrialisation forcenée résidait le mirage du bonheur. Toute réserve à ce sujet relevait du crime petit-bourgeois. A chaque nouvelle fumée d'usine, à chaque prolifération de combinat, le paradis approchait. Déchets et nuisances en étaient pour ainsi dire le signe avant-coureur. L'homme, selon Lyssenko – le biologiste maboul conseiller de Staline –, achèverait l'œuvre de Dieu grâce au matérialisme dialectique, dans un élan historico-mystique et des océans fumigènes.

« Hourra l'Oural », chantait Aragon, et vive « l'intelligence énorme des genoux
Le paysage a mis des colliers de fumée...
Le paysage est à genoux dans le socialisme
Et l'électricité
Étire ses doigts fins du ciel à la poussière » (*Hourra l'Oural*, 1934).

Le smog sur le Donetz couvait des aubes lumineuses grâce à l'électricité bientôt nucléaire. Le Don, paisiblement pollué, charriait l'espoir.

La croissance économique, effectuée au prix des efforts surhumains d'anciens paysans arrachés à la terre, encadrés par des ingénieurs, des philosophes, des biologistes, des poètes, des sculpteurs en proie au vertige de construire, a vu, au bout du rouleau compresseur, triompher quoi? Non pas les soviets plus... Mais l'ineptie bureaucratique plus le bidouillage de technologies bon marché.

Les trains de propagande déchirant l'infini sibérien étaient autant d'expos flamboyantes à la gloire de l'homme nouveau qui naîtrait des cendres de l'ancien monde. Le poète Maïakovski, beau-frère d'Elsa Triolet, exaltait les lendemains radieux. Gorki lançait l'anathème contre la nature : « Dans l'Union des Soviets, la raison scientifique organisée jouit désormais d'une liberté sans limite dans sa lutte contre les éléments naturels. » L'architecte Guinzbourg et Yvan Leonidov rêvaient de résidences d'utopie, de clubs pour ouvriers heureux, d'usines enchanteresses, de cascades de jardins en terrasses : on construisit des taudis. Les peintres comme Rodtchenko ou Tatline célébraient la beauté des combinats, des roues dentées, du métal victorieux : soixante-dix années d'ouvriers méritants, de kolkhoziennes puissantes, d'Armée Rouge joyeusement libératrice, de Parti salvateur s'ensuivirent. Réalisme surréel et pompiérisme œdémateux occultèrent comme ils purent la plongée irrésistible vers un modèle de vie voué à la casse, où tout se détraquait. Eluard, Aragon, les intellos applaudissaient. Avec la *glasnost,* les masques sont tombés.

C'est Tchernobyl, évidemment, qui nous a fait prendre conscience des dimensions de l'ineptie. Je viens de te rappeler ce que fut l'un de tes meilleurs souvenirs. Pourquoi, mais pourquoi la catastrophe a-t-elle eu lieu?

Tout d'abord pour une raison fort banale : un enchaînement de cafouillis humains invraisemblable, au cours desquels furent accumulées toutes les bévues dont les spécialistes nous jurent qu'elles ne peuvent en aucun cas se produire ici. La seconde est plus élémentaire : le modèle de centrales RBMK dont il s'agit n'est pas doté de la large panoplie de sécurités dont disposent les nôtres, et pas, en particulier, de l'énorme enveloppe de confinement étanche, en béton, de plus d'un mètre d'épaisseur, revêtue d'une peau intérieure en acier, censée empêcher en Occident les produits radioactifs de se répandre dans l'air en cas de fusion du cœur. Ce qui ne signifie évidemment pas qu'aucun accident n'est possible chez nous. Le risque zéro n'existe pas.

Pourquoi les ingénieurs russes n'ont-ils pas pris au moins cette précaution?

Réponse : ce n'était pas prévu dans le plan. Ce genre de précaution paraissait superfétatoire aux hauts responsables, par rapport à l'urgence d'obtenir de l'électricité au plus bas prix possible. Et aucune pression de la moindre opinion publique n'était susceptible de modifier leur point de vue. Si bien que la cause profonde de Tchernobyl est incontestablement l'absence de démocratie.

Cette démocratie comporte, certes, parmi ses inconvénients, le paradoxe sur lequel nous avons buté : les profiteurs de la pollution sont aussi ceux à qui va profiter la dépollution. C'est très choquant et, pour un peu, tu m'accuserais de faire l'éloge de la corruption. Ce n'est pas le cas : je fais celui de la mesure.

Mais au regard de ce qui se passe en Union soviétique, n'est-ce pas un moindre mal? Tchernobyl n'est pas une anomalie du système : c'est l'ordinaire du menu. Comme l'a fait remarquer non sans humour un ingénieur chargé de surveiller le réacteur intempestif, Constantin Tchetcherov, au cours d'un colloque à Nantes, le 13 octobre 1991 : « En fait, c'est le 1 ou le 2 qui auraient dû exploser. Ils étaient à l'époque encore plus vieux et moins bien protégés. »

A l'Est, les centrales fuient comme des passoires ou rouillent comme des vieux bateaux déglingués. La fuite de Sosnovyi Bor, le 24 mars 1992, ne restera pas isolée si rien n'est fait. Seize réacteurs du même type RBMK, aussi peu fiables et aussi peu protégés, sont toujours en service. Soixante-dix autres, plus ou moins bricolés, sont en construction ou en activité, dont le fonctionnement n'est sûrement pas plus réjouissant. Pas plus que ne l'était celui des neuf réacteurs, aujourd'hui fermés, reçus en cadeau par l'Allemagne de l'Ouest avec la RDA. Ou celui des 25 autres, tous construits sous licence soviétique, disséminés en Bulgarie, en Hongrie, en Roumanie, en Tchécoslovaquie et en Yougoslavie. On ne peut qu'espérer que la quincaillerie n'en soit pas aussi lézardée que celle de Kozloduy, au nord de Sofia, en Bulgarie, dont les photographes nous ont étalé la décrépitude durant l'été de 1991.

Tu sais cependant que cette centrale fournissait 40 % de l'électricité bulgare. Ce pays avait donc tout intérêt à frapper l'opinion publique occidentale en lui faisant toucher, pour ainsi dire de l'œil, le péril qui la menaçait, si un beau geste d'entraide internationale n'avait pas lieu. Des W-C bouchés aux ascenseurs de secours en panne, en passant par la rouille des équipements de maintenance, les fils électriques dénudés, les fuites d'eau, d'huile, d'acide borique, de liquides radioactifs, sans compter l'absence de tests de résistance aux tremblements de terre et les ingénieurs incompétents ou démotivés, contraints de vendre des sandwichs en ville ou de faire le taxi pour survivre : l'abcès fut pour ainsi dire ouvert. Opération réussie : 13 millions de dollars ont été débloqués en août 1991 par la CEE, sur recommandation de l'Agence Internationale de l'énergie atomique (AIEA). Bon vent. Voilà peut-être une centrale dont les effluves ne nous caresseront pas le visage. Il reste bien assez de vieux coucous.

Dans un livre un peu austère mais terrifiant, (*Désastre écologique en URSS,* éditions Sang de la Terre), Mikhaïl Lemechev, directeur général de l'Institut d'écologie de Moscou, dresse une fresque de cauchemar de l'état des lieux rouges. La Russie, c'était hier des terres à verstes que veux-tu, des lacs à désespérer Lermontov, des forêts pour mélancolies d'oncle Vania, des fleuves pour Cholokhov : des richesses qui semblaient inépuisables. Vaste comme un roman de Tolstoï, démesurée comme une chevauchée de Michel Strogoff ou un trajet en Transsibérien, c'était beau.

C'est toujours beau. Mais la neige qui tombe sur Moscou contient 275 fois plus de substances chimiques que la norme admise. Chaque année plus de 3 000 villages, et des milliers d'hectares de bonne terre noire fertile sont engloutis sous les eaux de barrages et de lacs artificiels : celui de Kouibychev a noyé 600 000 hectares, celui de Bratsk, 550 000, Tsimlyansk, sur le Don, 270 000, pour des rendements dérisoires. Les boues de Tchernobyl grouillant de césium 137 ont été rejetées dans le golfe de Finlande sans précaution. La Volga, le Dniepr, le Don, l'Obi, l'Angara sont des fleuves morts, ou peu s'en faut. L'Amou-Daria, géant tombé des glaciers du Pamir, est transformé en un mince filet d'eau. Le lac Baïkal, en Sibérie orientale, profond de 1 600 mètres, hier la plus grande réserve d'eau douce du monde et célèbre pour ses pêcheries, a été empoisonné par les usines de pâte à papier, comme le lac Lagoda, la Dvina septentrionale ou la Petchora. Sous le prétexte de l'or blanc du coton, la mer d'Aral, longue de plus de 400 kilomètres, qui alimentait en poissons avec ses eaux bleu-vert la petite république des Karakalpaks, a été métamorphosée en deux infimes flaques d'eaux posées sur un désert de sel. Y dérivent des carcasses de bateaux rouillés, ivres de vent, plantés dans les dunes. Plus un arbre, sur les dizaines de milliers d'hectares de forêts qui couvraient la vallée de l'Amou-Daria. Tant de mirages, de ratages, de naufrages. La mer Caspienne, poubelle à pétrochimie et les habitants de Bakou rongés par le cancer. L'air des grandes villes vicié, pas à la légère comme chez nous. Les chiffres assenés par Lemechev ont de quoi écraser : 11 millions de tonnes de poussières diverses ont été rejetées dans l'atmosphère en 1987, au point de multiplier les symptômes morbides dans des dizaines de villes où s'aventurent peu les touristes : Kemerovo, Nijni-Taghil, Lipetsk, Sverdlovsk, Magnitogorsk (celle d'Aragon), Zaporojie, Revda, Alaverdi. Déclinaison belle comme un verset de Cendrars à rebrousse-rail, à arrache-cœur. Tout cela pour des résultats minables, des rendements dérisoires. Un seul exemple : le pétrole. Dans ce pays où la production dépasse de moitié celle des États-Unis, voitures et camions doivent patienter des heures devant les stations-service, et bien souvent les paysans se trouvent paralysés faute de gasoil pour leurs tracteurs.

Alentour, tout est contaminé. La mer Blanche transformée en déversoir à immondices. Si l'on s'avisait de racler les fonds sous la banquise, ce sont des milliers de tonnes de débris radioactifs que l'on extrairait en guise de pépites, et même des carcasses de sous-marins. La Bohême du Nord, en Tchécoslovaquie, est empuantie par les fumées âcres des mines de lignite. Un peuple entier tousse, crache, parmi des marécages huileux et des trous gorgés de mousses jaunâtres, sous des arbres noircis, rongés de pluies acides, avec une espérance de vie amputée de sept ans par rapport à celle de la Communauté européenne : l'alcoolisme, la dépression, le suicide emportent ceux qui ont survécu aux maladies des bronches. Ni usines d'incinération, ni décharges légales, ni stations d'épuration d'eau, aucun moyen en vue pour en construire. Bulgares, Hongrois, Polonais, Roumains, de l'Elbe à la Vistule et du Danube à l'Oder, tous les citoyens de l'Est sont pris à la même terrible glu qui nous étreint lorsque le vent souffle de là-bas.

Car nous ne pouvons même pas demeurer égoïstes, indifférents au drame. Si une centrale éternue sur le Don paisible, l'Europe risque la grippe. Pour empêcher les catastrophes, il nous reste l'espoir, c'est à peu près tout. Pourvu qu'il n'y ait pas de pépins. Pourvu qu'il n'y ait pas trop de guerres. Pourvu que les frémissements démocratiques l'emportent sur le national-populisme.

« Décision-Environnement » signale une idée née en Pologne qui paraît prospérer : celle de l'« éco-conversion ». Annulez une partie de nos dettes, demande le ministre des Finances de Varsovie, Stephan Cavalet, et transformez vos pertes en programmes pour l'environnement. Pour un million annulé, nous vous ouvrons un million de nouveaux marchés éco-industriels.

Tout le monde y gagne. L'entreprise Degrémont vient d'ores et déjà, pour un jackpot de 400 millions de francs, de gagner le traitement des eaux de Varsovie. D'autres projets se préparent à Poznan et à Lodz.

Dans le domaine nucléaire, différents accords ont, de la même manière, été passés entre l'Occident, la France en particulier, et les pays de l'Est. Comme le résume Pierre Tanguy, inspecteur général pour la sécurité nucléaire à EDF « ... L'Occident ne doit pas se montrer égoïste... Avec cependant une limite... Il nous faudra savoir dire " stop " le moment venu. Mais cela impose de proposer des solutions alternatives pour leur obtenir l'énergie dont ils ne peuvent se passer... A EDF, par exemple, de nombreux contacts sont menés avec les pays de l'Est qui demandent qu'on les aide... Tchécoslovaquie, Hongrie, Bulgarie en particulier » (*Le Figaro,* 13 octobre 1991).

Bref, le capitalisme a bel et bien l'intention de colmater quelques brèches de l'ex-communisme pollué à mort. Mais le gros du mal est fait. Ce sont les écuries d'Augias à récurer. Réjouis-toi amèrement, mon écolo de broussailles. Le vert est dans ce fruit rouge hier. Il va y prospérer, y proliférer, y pulluler : cela te fera des petits copains.

Mais n'oublie pas non plus, même si cela te rend triste, que devant cette déconfiture des combinats, c'est avec les industriels et les banquiers reconvertis dans l'antipollution qu'il faut compter. Car eux, ils savent compter. Ce ne sont pas des songe-creux du tiroir-caisse comme toi et moi. Des cueilleurs de marguerites ni des amateurs de *small is beautiful.* Ils n'ont dans le ciboulot que profit et croissance : tes ennemis de toujours. Un énorme marché juteux, prometteur, succulent est là, prêt à s'ouvrir, à portée de dollars. A moins que le chaos ne s'installe – on ne peut l'exclure – la grande croisade antipollution est prête à s'élancer. Chassez le naturel, il revient au gros lot : s'il y a des fortunes à faire, elles le seront à ta barbe et à ton nez.

Le bilan est d'une logique qui a de quoi te consterner : « C'est la lutte finale, et d'abord contre la nature », lançaient les cocos. Ils œuvraient en réalité vers le degré zéro de l'écologie. Les peuples de la CEI récoltent aujourd'hui les fruits de ce que leurs anciens maîtres ont semé. Les lendemains déchantent dans les kolkhozes, tandis que des bouquets de chiffres prometteurs fleurissent dans les buildings de verre de New York et Chicago. C'est une mine d'or alléchante et redoutable que les pays ex-communistes offrent ainsi à l'insatiable convoitise de l'ogre capitaliste. Drôle de triomphe en perspective : celui, en ton nom, des monstres que tu as tant combattus.

Des monstres cependant familiers que nous avons appris à côtoyer : la pollution par l'argent, l'expansion, la compétitivité forcenées. Des monstres qui ne nous ont pas encore tout à fait dévorés. Et c'est là qu'on pressent... A quoi rêvent les juniors autour de toi? Abandonnant ta faucille désuète et ton marteau suranné, ils s'élancent. Perceval implacables et fragiles, revêtus de ton armure immaculée, chevaliers de la table ronde écolo taillée dans du bois brut, Indiana Jones et Mac Gyver saluant à grands coups de l'épée flamboyante du juste et du bien l'orée du XXIe siècle, pourfendeurs sans peur et sans reproche des hydres hideuses qui nous étouffent, intraitables justiciers, incorruptibles jusqu'au bout des lacets, *poor lonesome cow-boys* à silhouettes efflanquées, cachant de la graine de surmâle sous le blouson pur lin, prêts à se colleter contre les géants à mille têtes repoussantes, trusts et holdings, combinats et combines, tous ces polypes protéiformes suceurs de moelle humaine : ils vont nous balayer, nous maîtriser tout ça! Ils le clament. Ils le croient. Ah! comme on aimerait y croire... On les guette au tournant de l'histoire...

Cependant, le refrain qui monte de leurs rangs inquiète déjà certains. Il chante l'inverse de celui qu'acclamaient les pionniers communistes : vive la nature! *Grün über alles!* Des mélomanes à l'ouïe fine prétendent y discerner parfois en écho, en écho d'écolo, un cri méprisant envers la nature humaine ordinaire. C'est ce cri qu'a entendu Alfred Grosser dans un *Libération* d'octobre dernier. Grosser professe le refus de « remplacer la pensée totale marxiste par une autre pensée totale » – celle de l'écologie. Il grommelle très fort contre la « déification de la nature » succédant à celle de la Raison et du Progrès, et dénonce vertement la « fusion entre les hommes et la nature, le sol et le sang, cette solide tradition conservatrice allemande reprise récemment par Valéry Giscard d'Estaing à propos des immigrés. C'était la théorie d'Hitler ».

C'est peut-être aller vite en besogne et l'on ne

saurait ranger les écolos dans un sac brun, même biodégradable. Loin de là. Ni les Verts de Waechter, ni Génération Écologie de Brice Lalonde ne sauraient être soupçonnés d'hitlérisme. Je ne sais laquelle tu as choisie, mais dans les deux cas, la clientèle électorale venue s'agglomérer vient largement, par icebergs entiers, de la banquise de gauche en proie au morcellement printanier.

Les pratiques internes n'y sont pas d'un autoritarisme échevelé, avec culte d'un guide suprême, même si l'on a fait remarquer que Génération Écologie s'est cristallisée autour de Lalonde. Chez les Verts, certains ont même pu suggérer avec Guillaume Sainteny, auteur d'un livre sur la variété foisonnante des waechtériens, que leur propre mode de fonctionnement freinait leur essor : « La logique de démocratie interne, dit-il, l'emporte sur la logique du pouvoir. » L'autonomie locale très forte, le refus des consignes de vote, les assemblées générales à tire-larigot, à hauts cris, à pataphars : on est plus près des nébuleuses, des maelstroms tourbillonnaires, de la popote familiale ou du chaudron convivial que de l'appareil étincelant voué à l'efficacité guerrière. Avec toutefois un fort piment groupusculaire, dogmatique et sectaire, que soulignent les gages infligés à tout nouveau candidat : le pauvre Pierre Juquin en a bien pâti. Dame! quand on est là pour sauver le monde, on y regarde à deux fois avant d'embarquer des passagers sur son Arche de Noé!

Les programmes? Seul Waechter, jusqu'à présent, en a rédigé un. Utopies ou naïvetés peut-être. Mais on y chercherait en vain la trace d'un autoritarisme musclé. Dans son numéro de mars 1992, *Non-*

Violence Actualité a procédé à un test comparatif, comme pour les marques de lessive. Le tronc commun est large : « Politique européenne insuffisante en matière d'environnement, carence de la politique française en matière d'énergies alternatives, réduction du temps de travail pour lutter contre le chômage, nécessaire sortie du nucléaire, arrêt des essais nucléaires, contrôle des exportations d'armes » : ce sont plutôt des nuances, sur chaque sujet, qui séparent les cousins. On est plus réalistes chez Lalonde, plus fondamentalistes chez Waechter.

Décidément, je te vois waechtérien. Plus impatient de vouloir tout tout de suite que soucieux d'aménager le système en place. Ton optique serait plutôt de ne pas donner un coup de badigeon vert à la société. De ne pas rajouter une dose d'environnement à un *long drink* capitaliste, mais de chambouler les grands équilibres planétaires entre le Nord et le Sud. Faire rendre gorge aux pays nantis en faveur des déshérités du tiers ou du quart monde. « Il n'y a pas que la mortalité des crapauds sur l'autoroute A36, il y a aussi 3 millions de chômeurs », lançait le philosophe Michel Onfray lors du colloque de Bordeaux en janvier dernier. Malgré le slogan « ni gauche, ni droite », et malgré les soupçons qui ont plané sur certains Verts, comme Brière, franchement ce ne sont pas là des visées lepénistes.

L'enfance du mouvement dans les années soixante-dix, l'ébullition de *Hara-Kiri*, les manducations fourniéristes de *La Gueule ouverte*, l'épopée du Larzac quand l'armée voulait dérober leur rocaille aux pauvres moutons pour la transformer en champ de tir, la candidature de l'agro-rêveur René Dumont, ce gentleman fervent, à l'élection présidentielle de 1974 : la mamelle qu'ont sucée les bébés Verts ne fut pas précisément droitière. S'ils ont toujours refusé de se nourrir à la grande marmite de la gauche, c'était moins par dégoût que par crainte de s'y dissoudre et de perdre leur âme.

Les nouvelles recrues même ont plutôt aiguisé leurs dents sur le bois dont on fait les flûtes de la gauche profonde, ou dans ce qui fut appelé la « deuxième gauche », marginaux et gauchos, que sur quelque Camelote du Roi.

On bute cependant aussitôt sur un gros os. Un os de mammouth. L'idée même d'écologie n'est pas, à l'origine, progressiste. Elle cheminerait plutôt vers l'éternel retour en arrière. Vers le bon vieux temps où l'on avait tout loisir pour souffler, contempler et aimer. Et s'il n'a jamais existé, ce temps-là, qu'importe : qu'on l'invente!

Drôle d'histoire, de ce point de vue, que celle des hommes, depuis le moment où nous nous sommes dressés sur nos pattes arrière, le nez dans les étoiles, les pieds dans la gadoue, le cœur chancelant. A pleines orgues, tu nous chantes la nature. Mais où est-elle, la nature? De quelle nature nous parles-tu? La nature même de notre histoire nous l'a rendue bien étrange, notre Gaia. Avec elle, nous avons des relations passionnelles, de mère abusive à fils ingrat. Tout d'abord où se cache-t-elle donc cette aïeule primitive, l'orgiaque Cybèle, Birgit, Ana, Rhéa, mère de Zeus, Baubo, la vulve mythique d'où le monde naquit dans un éclat de rire des dieux? Sous quelle dalle de béton, sous quelles constructions est-elle enfouie? Et où, dans son sein, gît mon grand-père censé avoir été heureux, le bon sauvage? Parmi les sept Merveilles vantées par Philon de Byzance, je vois des jardins suspendus à Babylone, comme il en pousse sur les terrasses des appartements chics à Paris, un temple à Éphèse, un phare à Alexandrie, une sculpture de Phidias, un colosse à Rhodes, des pyramides en Égypte, et un tombeau élevé par sa veuve à la gloire du roi Mausole, brave homme qui prit part en son temps à la révolte des satrapes : foin d'abysses, de rocs escarpés, ni même d'îles Borromées avec tous leurs parfums. Des bâtiments édifiés de main d'homme. Si le mont Olympe trouve des grâces aux yeux des anciens, c'est qu'il sert de demeure aux dieux, ces un peu plus qu'humains. La beauté des grands bois viendra plus tard, beaucoup plus tard, quand ils auront été convenablement défrichés au temps des Notre-Dames par les gens des ancêtres de Monsieur le vicomte François René de Chateaubriand, à l'usage des rêveuses promenades d'icelui.

Les lacs? Parlons-en! Holà, temps! suspends ton vol! Mais il faut des rameurs domestiques pour la mini-galère de Monsieur de Lamartine, et qu'ils frappent à la bonne cadence des flots harmonieux comme un clavecin bien tempéré.

Il ne me semble pas que le berger Tityre de l'Églogue virgilienne s'aventure beaucoup plus loin que le bout du verger, ni qu'Horace, tout inscrit qu'il fût sous Mécène, au parti Vert, s'éloignait de son potager. Accordons à Ulysse de faire figure d'aventurier... Mais enfin, on ne lui sent pas un tel élan pour les mers déchaînées du côté de Charybde : Nausicaa jouant de sa petite balle, nue parmi des roseaux élégamment disséminés, le réjouissait à l'évidence bien davantage, sans compter le festin qui s'ensuivit.

Maman de Sévigné, c'est bien connu, adorait la nature. Elle n'a pas manqué de le mander à sa fifille de Grignan. « Savez-vous ce que c'est que faner? Il faut que je vous l'explique : faner est la plus jolie chose du monde, c'est retourner du foin en batifolant dans une prairie; dès qu'on en sait tant, on sait faner. Tous mes gens y allèrent gaiement; le seul Picard me vint dire qu'il n'irait pas, qu'il n'était pas entré à mon service pour cela, que ce n'était pas son métier, et qu'il aimait mieux s'en aller à Paris. Ma foi! la colère me monte à la tête... Je l'ai pris au mot, et, quoi qu'on m'ait pu dire de lui, je suis demeurée ferme comme un rocher et il est parti. » D'où l'on voit sans peine que Madame de Sévigné faisait pratiquer par ses gens l'agriculture biologique, tu ne le nieras pas.

L'éloge de la nature a connu avec Rousseau un professionnel tout terrain : et il est vrai qu'il a beaucoup herborisé. D'ailleurs, comment ne pas avoir été grisé par l'ordre nouveau mis par le Suédois Linné entre étamines et pistils, dicotylédones et phanérogames? Mais enfin, sans aller jusqu'à prétendre qu'il ne sortait jamais des sentiers battus, il nourrissait une faiblesse notoire pour le parc des Charmettes et les charmes de la bonne-maman de Warens auprès de qui il apprit à rêver en solitaire. C'était fort civilisé. Plus tard, du temps de la rustique Thérèse, le moindre bosquet des environs de Paris suffit à le griser – surtout pas le Matterhorn. Quant à *La Nouvelle Héloïse,* qui passe pour un éloge de l'état de nature, elle foisonne en descriptions où le rustique est fort aménagé : « Un mélange étonnant de la nature sauvage et de la nature cultivée montrait partout la main de l'homme, où l'on eût cru qu'ils n'avaient jamais pénétré : à côté d'une caverne, on trouvait des maisons; on voyait des pampres secs où l'on n'eût cherché que des ronces; des vignes dans les terres éboulées, d'excellents fruits sur des rochers et des champs dans des précipices » : voilà les vrais délices de Saint-Preux dans le Valais, dont il fait part à sa chère Julie d'Étanges. C'est bien évidemment la société des hommes qui a pollué la pureté des sentiments que ces deux êtres se prêtent, mais, tout de même, elle n'est jamais hors de la vue naturelle, cette maudite société. Et voilà Rousseau lui-même le proto-écolo, le pote aux verts, le porte-drapeau feuillu, tonitruant ses invectives contre la grand-ville corruptrice des cœurs avant que de polluer les poumons, convaincu de n'aimer pas la vraie nature! alors, vous pensez bien, les autres!

A Ferney, Voltaire, son camarade de combats fratricides, mettait au même instant sur pied de laitue une ferme à tel point modèle qu'elle fonctionne toujours, on peut la visiter. Arouet n'y est plus un Huron : c'est le fils culturel de Monsieur de La Quintinie, grand maître du potager du Roi-Soleil, et cultivons notre jardin. Ne parlons même pas de leur contemporain Charles Joseph, prince de Ligne, inventeur, entre trois coups d'épée et deux marquises, des jardins de Belœil, dans le Hainaut, dont la profession de foi est une injure lancée au bon sauvage : « Le séjour de la campagne n'est jamais plus agréable que lorsque l'on voit les bois, les prés et les eaux prendre tous les jours une nouvelle forme sous sa main. » Tout au plus aura-t-il eu avec son siècle le goût d'instiller du désordre à l'anglaise dans la géométrie trop peu variable de Monsieur Le Nôtre.

Quant à leurs épigones romantiques, chantres à tous les vents de l'idée de nature, et ses rénovateurs, bravo! Lorsque Chateaubriand découvre l'émotion des nuits américaines, la terre de France colle à la semelle de ses escarpins, et le Nouveau Monde sert surtout à apporter la preuve par la neuve nature et ses merveilles, de l'existence d'un Dieu hautement civilisé et royaliste. L'homme du Grand Bé éclaire d'une foi catholique et romaine les barbaries les plus natives. L'esprit missionnaire ne le quitte jamais beaucoup et Atala la sauvageonne est convertie. La pure nature n'est pas si neutre qu'elle en a l'air. On n'en sort pas. Du moins pas ainsi. Le vicomte a manqué d'une pincée d'années Henry David Thoreau, l'homme des bois hanté par son rêve d'être vraiment libre. Mais ce n'était qu'un indigène et vraiment pas porté sur le christianisme.

Ah! les sanglots de ses confrères parmi les cascatelles! Ah! les gondoles! Les donneurs de sérénade sous les ramures chanteuses et le vieux parc solitaire et glacé! En voilà un autre qui aime le son du cor le soir au fond des bois : le cor! Vigny, défenseur de la chasse à courre, inscrit à « Chasse, pêche, nature et tradition »! Horreur! Et où ça? Monts gelés et fleuris... dont le front est de glace... : tiens donc! En plein parc *naturel* des Pyrénées, bien entendu, où l'excommunication écolo majeure te guette si tu écrases un moustique sur ta joue. Il n'y en a pas un pour rattraper l'autre. Hubert Robert nous peint des ruines avec la bénédiction de Diderot, et Fragonard, Boucher, Chardin, Watteau, pêle-mêle, inaugurent des Fêtes galantes dans des prairies léchées dignes de Marie-Antoinette, où, plus tard, Verlaine s'invitera.

Hugo pourrait prétendre aimer le primordial coït entre le petit d'homme et la géante naturelle : mais il n'oublie jamais que l'Océano nox est semée de silhouettes têtues penchées sur leurs filets, en proie aux peurs du glauque et aux poulpes géants. Or, ces Travailleurs de la mer, ces laboureurs d'abysses ne sont que les ancêtres de nos modernes chaluteurs de filets maillants où viennent se prendre les dauphins.

On ne compte pas, en revanche, en ces temps reculés, les cris de rébellion. Sade : « Oui, j'abhorre la Nature : et c'est parce que je la connais trop bien que je la déteste; instruit de ses affreux secrets... j'ai éprouvé une sorte de secret plaisir à copier ses noirceurs. » Musset : « Comme ce soleil couchant est manqué, rumine Fantasio. La nature est pitoyable ce soir. Regarde-moi un peu cette vallée, là-bas. » En attendant Flaubert : « Cette glorification du médiocre m'indigne. C'est nier tout art, toute beauté; c'est insulter l'aristocratie du Bon Dieu. Et note que ces même gens qui disent " poésie des lacs ", etc., détestent fort toute cette poésie, toute espèce de nature, toute espèce de lac, si ce n'est leur pot de chambre qu'ils prennent pour un océan. »

Heureuse époque où le tout-à-l'égout ne polluait pas encore les fleuves. Le seuil de saturation par les poubelles est arrivé. Nous étouffons, nous le croyons : est-ce vrai, est-ce faux? A des degrés divers, selon que nous respirons l'air des beaux quartiers ou celui de Seveso. Les pharaons crevaient les yeux de leurs esclaves chargés d'édifier les pyramides afin qu'ils ne voient pas trop l'étendue de leur malheur. Les industriels patrons de l'estuaire de la Seine devraient non seulement crever les yeux mais boucher les oreilles et le nez des habitants de Petit-Couronne et autres banlieues rouennaises. A Deauville tout va bien, merci.

Pour humer des bouffées d'air non encore polluées, des explorateurs s'en vont vers les confins les plus extrêmes, à la recherche des rares contrées laissées en blanc sur le planisphère de nos connaissances : au plus profond des gouffres, au plus haut des Annapurna sans masque à oxygène, au plus noir du Grand Bleu, 150 mètres sans bouteille, au plus hurlant des cinquantièmes à bord de voiliers aux coques de plastique, toujours plus près, plus loin, plus vite, jusqu'à plonger dans des ravins accroché par un élastique à la cheville, jusqu'à traverser le Pacifique à la rame : on ne sait jamais, le jardin rassurant pourrait se trouver caché quelque part au lointain. Mais il n'y a rien. Le monde a changé trop vite autour de nous. Nous avons peur. Alors on se raccroche à ce qu'on peut. Au bon vieux temps surtout : celui où la nature était naturelle. Quand les choses étaient ce qu'elles sont, au lieu de bouillonner dans la casserole magique d'apprentis sorciers pseudo-prévisionnistes avec l'électronique, la bureautique, la télématique et tous ces tiques accrochés à nos crânes comme des poux, d'où sortira on ne sait quoi : le meilleur ou la fin des mondes, si ce n'est la meilleure fin du monde. Sans computer l'an 2000 qui se profile sournoisement avec tous ses zéros emplis de bulles de fantasmagories, pareil à son prédécesseur d'il y a mille ans. Drôle de potion magique. Silence on exorcise. On se retient aux branches de l'arbre généalogique (les spécialistes amassent des fortunes). On se cramponne à nos racines, quitte à se les inventer sur mesure.

Hercule aurait été traîné en justice par les Verts pour avoir osé détourner les eaux de l'Alphée et du Pénée afin de nettoyer les écuries du roi Augias, tout comme les Titans auraient eu des ennuis pour destruction de site naturel en entassant l'Ossa sur le Pélion. Et mieux vaut ne pas songer au sort qu'ils auraient réservé à ce Ferdinand de Lesseps qui n'hésita pas à mélanger les eaux de la mer Rouge à celles de la Méditerranée en perçant l'isthme de Suez. Creuser aujourd'hui un simple canal du Rhin au Rhône, comme au XVIIe siècle fut entamé celui du Midi par Paul de Riquet, soulève des montagnes d'objections vertes. Surtout que rien ne bouge! Je hais le mouvement, revenons au cocon!

Secouons bien. On sarcle, on fume, on bine : que trouve-t-on dans ton message? Pas la nature, la nostalgie. Celle du paradis perdu. Les jardins enchantés de l'enfance où poussent les pommes d'or des Hespérides. Un petit air de flûte, une si douce mélodie. C'est le trésor secret de l'écologie. Sa petite vidéocassette. Des partis politiques résolument modernistes y font chorus autour d'avant-hier qui chantent : c'est charmant. Malins et politologues alentour donnent de la voix. Le gros des troupes aussi entend des voix mais ce sont celles des grands-parents.

Beau champ ouvert pour un malentendu : les élites traînent leur charrue vers une terre demain, c'est juré, plus clémente. Les simples, recueillis, prêtent l'oreille à l'Angélus égrené par Millet, l'idole des papys. Fresque hyperréaliste. Nos grand-mères savaient : le filon est aussi riche que le catalogue de la Manufacture d'Armes et Cycles de Saint-Étienne, édition 1913. Et cela plaît : plus fort que le TGV à 400 à l'heure, le tortillard de Vincenot. Vive l'Auvergne de Pourrat et la Sologne de Genevoix.

Maurice Genevoix : en voilà un d'écologiste, et sérieux! Combien de centaines de milliers d'enfants ont appris, de *Raboliot* à *La Forêt perdue,* l'émerveillement des mousses et des chants d'oiseaux, dans les *Bestiaires* la tendresse sauvage des animaux? Au point que, vois-tu, si tu lui proposais aujourd'hui, lui vivant, de militer, il plisserait son œil malicieux pour raconter l'histoire du lapin de rabouillère ou celle de l'écureuil distrait, afin d'éviter de te chagriner. Lui écolo? Sans doute. Mais pas en carte. Le vieux sang terrien donnait en lui un sens trop vif au monde.

C'est ce sang que cherchent à présent les citadins déboussolés dans quelque *Gaspard des Montagnes* juché sur un *Cheval d'Orgueil,* lisant les *Recettes de Tante Marie* à un *Enfant du Rail.*

Avec au bout le bonheur absolu? J'en doute. Mais enfin, que la République ait été belle sous l'Empire, n'allons pas nous en plaindre. De Colette à Proust, la moitié des chefs-d'œuvre sont issus de cette veine inépuisable, poétisée avec l'élégie, politisée avec l'écologie.

Dans son film *Belles de nuit,* René Clair avait inventé un bougon personnage que Gérard Philipe retrouvait d'époque en époque, à mesure qu'il remontait le temps à la recherche de sa dulcinée. Chaque fois, l'homme, scandalisé, froisse le journal qu'il lit, en grognant : « Quelle époque! » C'est une réaction encore plus répandue de nos jours. Elle n'a rien de honteux. Nos tas de petits secrets ne sont pas toujours si misérables que Malraux le prétendait : puisqu'ils forment le terreau de nos vies. Baisers volés, un coin de rue, Combray : Charles Trenet, Truffaut et le petit Marcel sont à leur affaire. Pas une once de politique là-dedans, semble-t-il. Rien cependant de plus persuasivement conservateur. Nous en sommes tous là à nos heures. Dans les désarrois d'aujourd'hui, elle tombe à pic. Voilà le terroir d'origine de l'écologie, et pas plus loin. C'est grisant. Ce n'est pas une raison pour, de là, ululer du prophétisme.

De conservatoire du littoral en protection des espèces, et de culture traditionnelle en pain cuit au feu de bois, quoi de plus rassurant, de plus aimablement passéiste que l'écologie de base? La couleur verte elle-même contribue à rasséréner. La mode s'est emparée de la verdure. Les pires maisonnettes en misérable simili-granit sont garanties moulées à la louche avec du matériau « traditionnel » fourré d'authentique, et je me demande comment le constructeur Bouygues a pu ne pas changer en vert la couleur fétiche de ses chevaliers de Minorange. Tourne la boule bleue dans tous les sens : conservateur et tradition, sauvegarde et préservation, ces mots ne s'ancrent pas a priori dans un vocabulaire progressiste. C'est pourtant l'avenir et le progrès que tu nous jures de gérer.

Si bien que ton mouvement, ton bon mouvement écologiste fait penser à volonté à un bonbon fourré : dehors c'est sucré, dedans c'est la surprise. A un pâté en croûte. A des profiteroles nappées de chocolat brûlant : à l'intérieur, la glace à la vanille. Ou à une jolie boîte verte gravée : lorsque tu l'ouvres, il en surgit un diablotin hilare.

Dans *Les Terrasses de l'île d'Elbe,* titre sous lequel ont été rassemblées quelques-unes de ses chroniques parues dans différents journaux, Giono, fumeur de pipe, raconte l'histoire de l'allumette. Toute la philosophie de l'éco-nostalgie est là. Autrefois, dit-il, à « une époque où n'existaient encore ni autos, ni cinéma, ni, bien entendu, avions, et totalement rien de ce qui fait ce qu'on appelle notre confortable actuel.... pour allumer cette pipe, j'employais des allumettes. Cela peut sembler aujourd'hui barbare, mais c'était un moyen pratique et économique de se procurer du feu.

« ...De phosphoriques qu'elles étaient au début (ce qui présentait un certain danger : celui de l'allumage spontané), ces allumettes devinrent rapidement " amorphes ", c'est-à-dire de tout repos.

« Rien n'est parfait pour le progrès :... on inventa donc le briquet. Briquet qui fut, bien entendu, à essence; on était aux premiers temps de l'automobile et c'est tout juste si on ne fourrait pas de l'essence de pétrole jusque dans la cuisine... Il fut donc de bon ton d'avoir un briquet; seuls les attardés, les rétrogrades, et pour tout dire les réactionnaires continuaient à demander du feu à l'allumette. » « Réactionnaire » : Giono a lâché le mot.

De nombreux inconvénients en découlèrent : « Il fallait le garnir (le briquet) d'essence de pétrole à l'aide d'une petite fiole qui suintait... Cette essence puait. A chaque instant on devait régler la mèche, ou la molette qui frottait sur la pierre, bref, à la place de la ci-devant boîte d'allumettes bien simple et bien commode, on avait une véritable petite usine. » Et Giono s'en donne à cœur joie. « J'en connais qui ont passé de beaux dimanches à mettre au point leur briquet pour le lundi... »

D'où l'invention du briquet à gaz. Qui conservait deux défauts : le problème de la recharge et celui de la pierre. Et puis, enfin, la trouvaille que nous connaissons tous : le briquet à gaz jetable. « Au bout d'un grand détour, on est ainsi revenu à la boîte d'allumettes... Désormais, à force de perfection [le briquet] est devenu ce qu'il a essayé de remplacer. Il reste toutefois encore un peu moins pratique que la boîte d'allumettes : il y a, dans ce sens-là encore un petit coup de collier à donner. Par exemple : mettre du phosphore amorphe au bout d'un morceau de bois, etc. »

De là, Giono généralise. « Qu'y a-t-il de plus simple que le silence? Pour l'obtenir, il suffit de se taire, c'est facile. Facile, évidemment, mais réactionnaire en diable. » « Réactionnaire » encore : coquetterie de virtuose qui joue au vieux couillon. Avec, dans la voix, le frémissement de celui qui sent se dissoudre le monde de son enfance. Le progrès a donc inventé le juke-box qui véhicule dans les bistrots du bruit « anglais ou américain toujours, sans quoi il ne vaudrait pas la peine d'ête écouté », du bruit prétendument musical, mais qui sert à meubler le silence des gens qui n'ont rien à se dire. Le spray à air pur d'Yves Rocher pour boucher les trous d'ozone aurait enchanté Giono.

Il en va de même avec l'automobile, poursuit-il, moyen de transport à l'origine utile, devenu cauchemar quand on ne sait plus comment s'en débarrasser pour retrouver la bien-aimée. Ainsi le soi-disant progrès procède-t-il souvent d'un compte à rebours, comme font les spationautes avant le lancement d'une fusée. Il consiste, sans le savoir, à retourner à la case zéro : ce que l'éco-philosophe nous rappelle tout au long de ses chroniques de pierrailles et de fumet du Ventadour. Et d'apprendre que sous ta pression, on va jeter bientôt briquets, stylos, rasoirs jetables l'aurait réjoui.

Tu étais tout entier décrit dans cette chronique lorsque je t'ai connu, mon vieux camarade. Gardien des allumettes au phosphore, tu fumes désormais cérémonieusement ta pipe, avec nostalgie. Ou plutôt vois : même ta pipe, ils te l'ont ôtée du bec. Dans un lieu public, elle te vaudrait les tribunaux. Encore un coup sournois des temps écologiques que tu as inventés.

Tu étais habillé de gauche jusqu'à la barbe et à l'anneau dans l'oreille. Tu te présentais comme un infatigable mainteneur soucieux de ne pas te voir confondu avec les réacs qui, comme chacun sait, vivent cravatés. Blanc au-dedans, rouge au-dehors comme il était dit jadis des radicaux : tu étais radis-bio.

Le programme a changé : il s'agit à présent pour tes écocopains politiques de vouloir tout préserver, en étant moteurs du renouveau. D'être champions du statu quo, et as des temps nouveaux. L'acrobatie est périlleuse. Elle rappelle l'estrapade. Je tire mon chapeau. Prends garde à ne pas en sortir trop désarticulé.

Les origines, le terroir, le passé : l'enracinement. Comment ne pas penser à la première partie du *Roman de l'énergie nationale,* au Barrès des *Déracinés?*

Et dans *Les Déracinés,* qui fut la bible, dès 1897, de toute une jeunesse arrachée à ses campagnes, au chapitre consacré à « L'arbre de monsieur Taine » – ce platane du jardin du Luxembourg, symbole d'une fédération bruissante et réussie d'humains, où chacun jouerait son rôle comme frissonne chaque feuille – à condition d'être d'abord profondément ancré dans sa glèbe? Cependant que Paris, au contraire, dans le crépuscule, comme toutes les « grandes villes énervées par le manque d'oxygène », offre le spectacle, « sur ce bitume vicieux et souillé autant que le tapis d'un tripot » d'une quête brutale, hystérique, furieuse, du désir, des vanités et de l'argent.

Dans cette perspective, poursuivre l'utopie évanescente d'un socialisme messianique, courir après l'idéal éthéré est fatalement source de déséquilibre : on a lâché les bonnes branches bien réelles pour l'ombre et ses fantasmagories. Le déracinement « détruit la vie morale et l'amour de la patrie », comme « l'abstraction tue les traditions ». La révolution, avec ses luttes sociales qui ont sapé l'ordre ancien, a saccagé la France, l'entraînant sur la pente de l'anarchie – où nous glissons toujours. Quelle époque! Tandis qu'envisager notre avenir en fonction de l'arbre, ça c'est du solide! Que fais-tu d'autre?

Barrès n'a pas eu le temps de s'inscrire chez les Verts : il est mort en 1923. Mais c'est sûrement un alibi. Cela n'empêche pas un fort contingent écolo d'avoir planté sa tente près de son arbre. Pourquoi s'en défendre, mon bon ami broussailleux? Au nom de la préservation des espèces menacées – en l'occurrence le mammifère bipède humanoïde –, tu fais resurgir de bien vieux drapeaux.

Je te citais, au tout début, le *« Ein Volk... ein Land »,* du député européen de Marseille Monnier-Besombes, qui pouvait, en effet, faire glousser Grosser. J'y reviens. Ce biologiste, qui n'a vraiment rien d'un nazi peint en vert, fut tout à fait chagrin de se voir assimilé dans un article hâtif d'*Actuel,* en octobre 1991, au menhir breton. Sa plume aurait-elle fourché? Fut-il victime d'un dérapage? Pas du tout. Dans une note additive à son texte, il précise, sous forme d'adresse à Brière, l'ancien porte-parole des Verts convaincu de dérive anti-israélienne pendant la guerre du Golfe :

« Oui, Brière, je persiste et je signe! Si nous voulons, encore une fois, être cohérents avec nos options de principe régionalistes, il y a une notion fondamentale à prendre en compte : c'est un certain rapport au territoire (parlons-en aux Kanaks!); une certaine conscience d'un minimum de continuité à préserver, tant dans les caractères acquis – culturels s'entend! – d'une population que les échanges qu'elle entretient avec son milieu, ce qui peut aller d'un type spécifique de convivialité, au trésor gourmand des traditions culinaires, en passant par mille éléments plus ou moins subjectifs liés au vécu des individus... »

Pas moyen de biaiser : l'enracinement, fort paisible, de Monnier-Besombes est le cousin de celui de Barrès. « Territoire », « continuité à préserver », « caractères acquis », « traditions culinaires »... Cette idée de racines est plantée dans un terreau conservateur, comme celle d'internationalisme a son origine dans les tentatives révolutionnaires mijotées par la gauche dès la Première Internationale en 1864. Pourquoi diable serait-ce méprisable? Ou pourquoi ne pas le dire? D'autant que, dans la réalité, le champion vert de Marseille non seulement ne fait pas figure d'obscurantiste passéiste, mais est, sur son arbre perché, à la pointe de toutes les recherches alternatives.

Gauche-droite : tu me répètes que tu t'en fiches, vu que tu es un « ni-ni »... Hélas! Pardonne-moi, c'est un simple souci de clarté! Il y a si peu de moyens de s'y retrouver dans cette jungle où l'on fait tout dire aux mots, et surtout le contraire de ce qu'ils signifient. Gauche-droite : c'est une notion modeste, un peu approximative certes, mais communément admise dans tous les pays de démocratie parlementaire, depuis ce jour de 1789 où l'on décida de répartir les députés de la Constituante ainsi. En gros, ceux qui jugent légitime et bon l'ordre d'hier, à la droite du président. Ceux qui veulent le changer, à sa gauche. Je sais à quel point c'est agaçant. Et, bon sang de la terre, que c'est terrible l'histoire! J'invoque mes aïeux, me voilà fiché à droite. Je cours après des chimères qui bougent tout le temps, jusqu'à se volatiliser quand on a le nez dessus : je me retrouve à gauche. En prime, si je confonds, j'ai toutes les chances de me casser la figure par terre faute d'avoir pris les bons repères. Ce qui risque de t'arriver, mon ami, si tu ne prends garde aux mirages.

Dans le cas présent, grâce à ce lumignon tout s'éclaire : Maurras à la rescousse!... « Le culte de la patrie est le respect, la religion de la terre des pères; le culte de la nation est le respect et la religion de leur sang. Nation n'est pas un mot révolutionnaire. A la gloire de la nation, dit Bossuet dans son discours de réception à l'Académie française. Patriotique convenait à Déroulède parce qu'il s'agissait de reprendre la terre. Nationalisme convenait à Barrès et à moi, parce qu'il s'agissait de défendre des hommes, leur œuvre, leur art, leur pensée, leur bien contre ce qui les menaçait spécialement », etc. Et en effet, cela va de soi, un patrimoine est en permanence et presque par vocation menacé. Il mérite toujours, aux yeux de ses héritiers, d'être défendu contre les invasions, les confiscations, les détériorations barbares qui le guettent. Même s'il est régional. Ce qui provoque tôt ou tard des explosions. Demandez aux Corses, aux Basques, aux Tchétchènes, aux Géorgiens, aux Arméniens du Nagorny-Karabakh, aux Croates... Et comme on s'est méticuleusement entretués pour la Lorraine de Barrès!... Ces vieux démons à peine assoupis sont redoutables quand on les réveille : Gorbatchev en a déterré plus d'un. Vois où il en est. Encore heureux que les Provençaux de Monnier-Besombes soient des gens pacifistes.

Quoiqu'ils soient, eux aussi, « menacés ». Eh oui! ils ont assimilé les Piémontais et les Savoyards, nous explique le régional de l'étape. « Peu à peu intégrés, ceux-ci ont probablement contribué à lui donner (à la Provence) son caractère spécifique parmi les provinces occitanes. Mais aujourd'hui, tant par les déplacements internes de population, ce " brassage " si cher à nos Jacobins, que par l'immigration étrangère, les Provençaux de souche sont devenus minoritaires dans les grandes villes. Ainsi s'accentue encore la coupure entre le monde associatif émanant de celle-ci et la population de l'arrière-pays. Et chaque année les incendies continuent de grignoter ce qu'il reste de forêt, les promoteurs de sévir, sans jamais rien susciter de cette pugnacité dont les Bretons ont fait preuve devant les marées noires ou le nucléaire. Le fait qu'il s'agisse d'une région dont la population est en forte proportion non autochtone (55 %), phénomène accélérant encore la perte de cohésion et d'identité, n'y est peut-être pas pour rien... »

Barrès répond : présent. Maurras aussi. Mais que faire? Ériger des barbelés? Classer la Provence parc national? Augmenter la réglementation? La répression? Monnier-Besombes est plus modéré : atteindre une « certaine maîtrise des flux migratoires, suggère-t-il, y compris le tourisme saisonnier... ».

Peu de voix s'élèveront sans doute pour freiner le flux étranger, disons le mot, maghrébin. Mais pour ce qui est des vacanciers, je ne suis pas certain que les congés payés parisiens seraient d'accord...

Et les régions voisines? Devront-elles s'ériger en bastions pour préserver leur identité? La Haute-Provence s'érigera-t-elle en fief pour se protéger justement contre les envahisseurs marseillais, archi-pollueurs et pilleurs de cèpes?

Quel drôle d'arbre est en train de pousser là, tout pimpant, d'un vert vif vu de loin, mais hérissé d'affreux piquants empoisonnés. Et si cela venait de ce que son pied a été contaminé, oh, par inadvertance, par un terreau qui n'était pas le bon? Si l'on allait voir y proliférer de fâcheuses ramures et jusqu'à des fleurs vénéneuses?

Monnier-Besombes s'en défend mordicus. Après avoir remarqué que *Le Quotidien de Paris* parle, à propos des conseillers régionaux de son groupe, de gens « élus dans des régions conservatrices où la sensibilité écologiste se confond souvent avec le fonds de traditionalisme, de régionalisme agrarien qui n'a rien de progressiste », il se penche sur l'ambiguïté de son propre propos. Il affirme « qu'il n'est pas nécessairement sous-tendu par une idéologie néo-pétainiste ou pire encore! mais qu'il peut évidemment s'enfermer dans la nostalgie maurrassienne d'un ordre immuable, ou se pervertir sous couvert d'une phraséologie pseudo-révolutionnaire dans un fanatisme meurtrier – ou enfin régresser chez les plus médiocres en esprit de clocher »...

Certes. Mais le diagnostic, docteur, me paraît inquiétant : tout peut arriver, et même n'importe quoi. Il n'est pas facile d'empêcher tant de dérives! Il va falloir sérieusement bêcher, bûcher, arroser, greffer. Sinon, ne vois-tu pas que l'arbre, dégénérant encore, devienne la proie des gourmands – c'est ainsi que les horticulteurs nomment les rameaux indésirables qui ne donnent pas de fruits et pompent la sève.

La fougue avec laquelle son ami Jean-Pierre Raffin, président d'honneur de France-Nature Environnement et co-député Vert au Parlement vole, dans une lettre, à son secours contre le journaliste d'*Actuel* incriminé, un certain Christophe Nick, fut à cet égard tout à fait éloquente. « Christophe Nick semble voir dans les mégapoles qu'il cite, des lieux de bonheur intense. Il a sans doute, lui, les moyens d'y fréquenter “ les cinés, les concerts, les boîtes, la vie la nuit, le brassage, quoi ”.

« Mais il oublie que l'ensemble des populations vivant dans ces concentrations humaines n'y est pas pour le plaisir de se brasser culturellement... Hongkong la folle, Kinshasa l'allumée (au propre et au figuré d'ailleurs), c'est bien pour les grands et petits-bourgeois qui ont du fric. Pour la plupart des habitants, c'est autre chose. Ils n'ont pas choisi d'aller dans ces mégapoles.

« Que Christophe Nick aille donc vivre, ne serait-ce qu'un mois dans une favella de Sao Paulo ou un lointain faubourg de Mexico, qu'il y fasse une “ vraie ” enquête et l'on en reparlera. Il ne me semble pas évident que les habitants de ces lieux vivent dans l'euphorie des télescopages de culture que leur envie presque Christophe Nick. »

Dire que ces sortes de mégapoles gonflaient déjà du temps de la Rome impériale! Quelle époque! Et qu'y faire? Deux conceptions s'affrontent : le Nick en question, avec tous les SOS Racisme et les Julien

Dray, rêve d'un cosmopolitisme acceptable dans le respect des différences.

En face Raffin, avec les Verts, maudit les « bitumes vicieux et souillés » pour chercher la voie d'un retour aux sources. Rude boulot. Guerre sans fin.

Les ancêtres du premier chantaient : « Du passé faisons table rase »... Ce qui les a en effet amenés à raser une bonne partie de la planète.

Dans le second cas, il serait plus cohérent de ne pas dénigrer Maurras, directeur de *L'Action française* qui, né à Martigues (Bouches-du-Rhône), fut d'abord un félibre provençal proche de Mistral, autonomiste et fédéraliste au point de se battre longtemps pour une monarchie qui aurait restauré l'ancien provincialisme. Régionaliste : ce n'est pas une coïncidence. Et, s'il déteste Rousseau, « le sauvage, l'homme de la nature, le primate plein d'orgueil, plein de songes et ruminant la ruine de la planète avec un cœur d'enfant », c'est justement que Jean-Jacques peut passer pour un précurseur du socialisme apatride.

Comment s'étonner, après ces coups de gueuloir contre le melting-pot, des rencontres occasionnelles avec le maréchal Pétain, fruit de mauvaises graines, nées de méchants gourmands?... Le Pétain de la Révolution nationale, du retour à la terre. De : « La terre ne ment pas » : vive Gaia! De la déclaration de guerre « au capitalisme international, comme au socialisme international, qui ont exploité et dégradé la patrie ». « Ni gauche, ni droite » n'est pas loin. « Nous supprimerons, dans un ordre nouveau fondé sur la justice, les dissensions dans la cité... Pour notre société dévoyée, l'argent trop souvent serviteur et instrument du mensonge, étant un moyen de domination » (message du 11 juillet 1940). Pour un peu, vous auriez vu ce Pétain-là signer le plan Waechter.

Le Pétain des Chantiers de jeunesse, créés sous le commandement du général de La Porte du Theil, pour réapprendre à nos enfants « dévoyés » le chemin de la santé, la joie par le travail et l'effort... « Nous le savons, la jeunesse moderne a besoin de vivre avec la jeunesse, de prendre sa force au grand air, dans une fraternité salubre qui la prépare au combat de la vie. Nous y veillerons. » Vive le parti de l'air pur et des petits oiseaux!

Pourquoi, en fin de compte, être surpris que Le Pen, goguenard, se frotte les mains, en lançant que l'écologie est une notion de droite? « Puisqu'elle va de pair avec la défense de l'identité. »

Il ajouta à Saint-Raphaël, le 2 novembre 1991 : « Nous ne sommes pas des écologistes mais des écologiens, soucieux d'abord du respect de l'homme vivant conformément aux ordres de la nature : une ethnie, un espace, une culture. » Une ethnie : *ein Volk*... Un espace : *ein Land*... Drôles de gourmands décidément.

Le cousinage, cependant, s'arrête là entre les Verts proprement dits et « l'écologisme » façon Le Pen. Les premiers sont conservateurs, à leur manière, sans doute. Mais ni racistes ni hystériques. Au nom des seconds, Bruno Mégret tire aussitôt à vue : « C'est une donnée essentielle du combat du Front national qui s'exprime par la défense du patrimoine. Pourquoi se battre pour la préservation des espèces animales et accepter dans le même temps le principe de la disparition des races humaines par métissage? Nous ne voulons pas être les mammouths et les pandas de l'espèce humaine. » Oh! le vilain bouton sur la branche de l'arbre...

Après cela, le fusil à tirer dans les coins du patron du FN s'enrage. Ce n'est plus un canon à eau qu'il braque sur les Verts, c'est le lance-flammes. Les rafales perdent en précision ce qu'elles gagnent en vigueur et chacun en prend pour son grade. Antoine Waechter préside un « rassemblement politicien » hétéroclite, « fondé en Allemagne par la Stasi, la police politique d'Allemagne de l'Est pour combattre les armements nucléaires à l'Ouest », où s'entassent « défenseurs naïfs de la nature, activistes de l'immigration et de l'antiracisme, et enfants perdus du léninisme comme Pierre Juquin ». Brice Lalonde, de son côté, préfère au « brouet spartiate des bergers des Causses les potages riches des ministères ». Il « va servir de cache-sexe, de bassin de décantation au PS », car « les socialistes veulent mettre au chaud leurs électeurs dans la petite boutique de Monsieur Lalonde ». Le RPR et l'UDF ont, face aux Verts, une attitude courtisane relevant de la « rêverie débile de politiciens aux abois ». Enfin, l'alliance du PS avec Génération Écologie est celle du « meunier et du bourricot » (*Le Figaro,* 4 novembre 1991). En somme, tuez-les tous, le dieu vert reconnaîtra les siens.

Mais en quel nom, et qui pourrait empêcher même Le Pen d'avoir son point de vue sur l'arbre offert à tous, battu par tous les mauvais vents? En matière commerciale il existe un label vert.

En politique, l'appellation les « Verts » est celle d'un parti qui ne recouvre pas la totalité des tendances écologiques. L'écologie appartient à tout le monde. N'est-ce pas, Monsieur Jourdain? On peut en faire, comme de la prose, ce qu'on veut, y compris des discours de propagande électorale. On peut la teinter d'un mysticisme de Templier à la Waechter, d'un carriérisme habile à la Lalonde, ou de démagogie. Les jeunes en redemandent – les analyses des résultats des cantonales l'ont prouvé – jusqu'à des 20 %. Le discours leur va comme un t-shirt pur coton, comme une paire de gants pure laine.

Une manière pour eux de voter branché contre les phraseurs creux, les faiseurs microcosmiques, les embaumeurs de vœux pieux. Pourvu qu'ils ne soient pas trop déçus le jour où la pochette-surprise s'ouvrira!

« Arrêtez la terre, je veux descendre! » Ce fut le réflexe fondateur. Pour la première fois un mouvement, une véritable organisation – pas une flaque où mettre à tremper les croûtons – prenait pour organe moteur un frein. Tout bougeait trop vite : les infos, les mœurs, l'électronique, l'environnement, les pollutions. C'était à perdre la tête. Comme si la boule ronde elle-même devenait maboule. Même la guitare de Brassens s'y était mise :

« Au pied de mon arbre, je vivais heureux,
J'aurais jamais dû m'éloigner d'mon arbre. »

Là-dessus, des êtres venus d'horizons fort divers, mus par une même inquiétude, sont venus se greffer. Si bien que l'écologie politique se présente comme un amalgame, un puzzle, une juxtaposition, un essaim, une constellation de convictions parfois complémentaires, parfois contradictoires, mais généralement d'accord pour dire : « non ». Non aux vieux cons. Non à leur héritage et à leurs projets. Non au nucléaire. Non au TGV Méditerranée. Non aux lignes à haute tension vers l'Espagne. Non aux côtes bétonnées. Non à la Loire aménagée par des barrages. Non à la forêt de Bercé amputée par une autoroute. Un cri de révolte protéiforme contre les décideurs, les bureaucrates, les planificateurs et leurs aides, les prévaricateurs qui piétinent sans allégresse ni respect, au nom de l'ordre technocratique – ou du fric – les plates-bandes de la vie. A la fois un chorus et une cacophonie. C'est le front du refus, un refus désordonné, vital, urgent, souvent justifié, parfois incohérent.

On te prend tout d'abord pour un petit homme vert inoffensif. Tu es en fait un redoutable trublion. Tu viens glisser ton grain de sable dans des rouages bien huilés, alors que tout, sans toi, tournait si bien. Une papeterie de 3 milliards à Golbey, dans les Vosges, avec 300 emplois? Elle polluerait la Moselle : alors non. Un port de plaisance à Trébeurden dans les Côtes d'Armor? Il bétonnerait une plage bretonne : alors non.

Sauver une haie, c'est ton affaire. Et de porter l'émeute contre le barrage de Serre-de-la-Fare sur la Loire. Contre la maternelle Pierre et Marie-Curie de Nogent-sur-Marne d'où les gamins sortent, dis-tu, trop irradieux, contre du lisier trop épandu, contre une, contre 20 décharges, contre l'autoroute A89 qui va défigurer la chaîne des Puys. Contre les chasseurs de palombes dans le Médoc, contre les excrétions allemandes envahissant la Lorraine, contre l'acide sulfurique dans l'Ognon, les résidus visqueux dans la Linotte et la crème tournée à Port-sur-Saône. Le petit bonhomme vert ne s'en laisse pas conter. Tu es partout. Tu défends bec et ongles les pigeons. Tu attaques le *Redoutable* que la marine démonte en plein Cherbourg. Tu trépignes. On te flanque dehors : tu glisses sous la porte ton dosimètre. Tu es pire que la glu, la vérole et les aoûtats réunis. Tu secoues tes clochettes de fou et te pends aux sonnettes. Parfois tu en fais trop. Du moins agis-tu. Et à cause de toi, le patron de droit divin ne peut plus dicter ses quatre volontés sur son fief. Le technocrate à l'abri de ses grilles de verre, forgées par l'électronique, s'aperçoit soudain que tout grince sous l'effet d'un bouseux obscur. Tout cela est fort judicieux. Il n'y a plus tellement de lacs, plus tellement de forêts, d'air pur, de côtes sauvages, de fleuves libres, d'ours bruns dans les Pyrénées ni de mer bleue : autant, en effet, les préserver. Et l'on ne se plaindra surtout pas qu'il y ait des magistrats pour appliquer les lois.

Mais la limite est vite atteinte. La sympathique grenouille verte qui gigote pour défendre sa mare ne voit pas plus loin que le bout de son nénuphar. Un phénomène de ras-la-borne se produit.

Quand les groupes écolos s'opposent à l'ultime bief Niffer-Mulhouse du canal Rhin-Rhône, leurs réactions sont ambiguës. N'en déplaise aux poules d'eau perturbées, depuis bien avant l'*Atalante* et Jean Vigo, la péniche est ce qu'on a inventé de moins polluant pour le transport des marchandises.

Quand une centaine de groupements divers réunis au sein de la CARDE (Coordination des associations de défense de l'environnement) bataillent contre la future ligne du TGV Méditerranée, depuis Saint-Sorlin-en-Valloire jusqu'à Aix-en-Provence, la cause est toujours aussi ambiguë. Waechter bénit. Lalonde tâte le pouls. Mais au sein même du mouvement, des voix s'élèvent contre la tribu qu'ils nomment les « Pas de ça chez moi ». Des grosses voix. René Dumont traite ses copains, dans *La Vie du rail,* de « Faux écologistes [qui] ont tout simplement peur pour leurs propriétés ». Et le professeur Pierre Samuel, directeur scientifique des Amis de la Terre, leur assène une volée de bois vert : « Une ligne TGV occupe deux fois et demie à trois fois moins de place qu'une autoroute. Ce train consomme moins d'énergie que la voiture et quatre fois moins que l'avion. Il n'émet pas de gaz carbonique et ne pollue ni l'atmosphère ni les eaux. Il est sûr. Il est l'alternative idéale à l'avion... Les gens ont besoin de gagner du temps, même les écologistes qui se rendent à des colloques... Nos amis Verts voient les hommes tels qu'ils devraient être et nous tels qu'ils sont. »

Pour les sujets de revendication, en somme, bravo : tu les débusques comme un chasseur les perdrix. Mais moi d'abord. Le *moi je* de tes supporters, de tes Support-terre. Si ce Moi coïncide avec la Cause, tout baigne dans les saintes huiles de l'œcuménisme. Sinon Zorro-le-Vert vit dans des transes cornéliennes.

Les Américains, à qui rien de ce qui est écolo n'est étranger, ont inventé à ce propos une variété du syndrome NIMBY : ils l'appellent NIMEY : *Not in my Election Year* (inutile de traduire). Jusqu'en 93, en France, nous sommes en plein NIMEY : le dépôt de déchets, ailleurs, un autre jour. La centrale nucléaire, un peu plus loin. Le train : au bout du champ de mon voisin. Cette écologie-là a un tissu sans fin à tramer. C'est un terrain plus sûr que ces grandes baudruches de trou d'ozone ou d'effet de serre, qui remuent beaucoup d'air mais peuvent se dégonfler. Aujourd'hui, le vert est en poupe. Demain, il fera jour, et s'il fait jour, tout va bien. Et si tout va bien, les fans de l'apocalypse ont perdu leur pari.

Au-dessus des démêlés, une poignée de Vertueux, dont j'aime à croire que tu fais partie, éco-penseurs, économistes, rêveurs ou rigoristes tentent d'organiser le brouillamini.

Alentour encore, tirant à hue et à dia, une nuée de rapaces se tient aux aguets, prête à tout pour tirer les marrons du feu. Tel est le tableau.

Permets-moi, mon bon camarade, d'avoir des doutes sur la cohésion d'un mouvement tiraillé par tant de disparates. Et sur lequel surfent, entre arrivisme et mysticisme, des leaders trop slalomeurs, ou trop maximalistes pour être nets.

Tu nous as donné un sens au monde : la révélation du bio, avec mort incorporée. Bravo pour la révolution. Depuis belle lurette, les courants d'opinion avaient renoncé à ce genre d'ambition. C'est un souffle frais. Je te voyais au musée : tu es un must. Profites-en. Mais ne nous brise pas trop les pieds, ne nous squatte pas trop l'encéphale.

Les petits d'homme, petit homme vert, tâtonnent leurs premiers pas hors du berceau natal; ils trébuchent, mains tendues, yeux écarquillés en quête des limites. Ils titubent toutes les expériences. C'est dangereux. Ils peuvent se brûler les doigts, se casser la figure en suivant d'opportunistes poli-tocards. Ils peuvent aussi se laisser secouer par les transes de tes copains entrés en religion, hurleurs d'apocalypses, et s'affoler, sombrer dans quelque frénésie, dans quelque épilepsie... Toutes les religions sont respectables, y compris la tienne, à condition de les tenir en respect.

Bon, je termine là. J'ai rendez-vous avec ma copine pour voir le dernier Spielberg. Il paraît qu'il a coûté 40 millions de dollars. Cela représente la survie de 200 000 paupérisés du tiers monde pendant un an. C'est donc un scandale. On dit que l'histoire est marrante. Il s'agit de délicieuses petites bestioles poilues. Ça a déjà rapporté plusieurs millions de dollars. De quoi faire vivre Hollywood pendant un an. On pourrait envoyer cette manne au tiers monde et assurer la vie à Bornéo, etc. Caressez un cercle, il devient vicieux. Il n'est pas si facile de tordre le cou à la société du spectacle. Quant à cultiver simplement son jardin!...

DU MÊME AUTEUR

ROMANS

La Croisade des enfants, Fayard, France-Loisirs, Presses-Pocket.
Aurore ou la génération perdue, Balland, France-Loisirs, J'ai lu.
La Vie engloutie, Flammarion.

ESSAIS ET BIOGRAPHIES

La Bande à Bonnot, Tchou.
La Belle Époque de la bande à Bonnot, Fayard.
Les Trois Vies d'Alexandre Jacob, Tchou, en réédition chez Fayard.
Les Atomistes, Denoël.
La Guerre secrète du pétrole, en collaboration avec Jacques Bergier, Denoël, J'ai lu.
Le Pétrole, clé du monde moderne, CAL.
Les Provocations policières, Fayard.
Ni Dieu ni maître, Tchou, épuisé.
Campanella, Fayard, à paraître.

THÉÂTRE

Azev.

CINÉMA ET TÉLÉVISION

Les Atomistes.
La Croisade des enfants.
Le Tsar de la nuit.
Les Trois Vies d'Alexandre Jacob (en préparation).

Dans la collection « Lettre ouverte »

PHILIPPE GUILHAUME — *Lettre ouverte aux Français qui ne veulent plus être pris* que *pour des cons*
PAUL GUTH — *Lettre ouverte aux futurs illettrés*
JEAN-EDERN HALLIER — *Lettre ouverte au colin froid*
JEAN-LUC HENNIG — *Lettre ouverte aux Suisses, si bons, si gros, si tristes*
GUY HOCQUENGHEM — *Lettre ouverte à ceux qui sont passés du col Mao au Rotary*
DOMINIQUE JAMET — *Lettre ouverte à la droite la plus mal à droite du monde*
MICHEL JOBERT — *Lettre ouverte aux femmes politiques*
JACQUES LAURENT — *Lettre ouverte aux étudiants*
JACQUES MARSEILLE — *Lettre ouverte aux Français qui s'usent en travaillant et qui pourraient s'enrichir en dormant*
ANDRÉ MAUROIS — *Lettre ouverte à un jeune homme*
ÉRIC NEUHOFF — *Lettre ouverte à François Truffaut*
FRANÇOIS NOURISSIER — *Lettre ouverte à Jacques Chirac*
LOUIS PAUWELS — *Lettre ouverte aux gens heureux*
THIERRY PFISTER — *Lettre ouverte à la génération Mitterrand qui marche à côté de ses pompes*
MICHEL PONIATOWSKI — *Lettre ouverte au Président de la République*
JEAN-FRANÇOIS REVEL — *Lettre ouverte à la droite*
ALEXANDRE SANGUINETTI — *Lettre ouverte à mes compatriotes corses*
JACQUES SOUSTELLE — *Lettre ouverte aux victimes de la décolonisation*
BERNARD THOMAS — *Lettre ouverte aux écolos qui nous pompent l'air*
PIERRE VIANSSON-PONTÉ — *Lettre ouverte aux hommes politiques*
PHILIPPE DE VILLIERS — *Lettre ouverte aux coupeurs de tête et aux menteurs du bicentenaire*
WOLINSKI — *Lettre ouverte à ma femme*

CET OUVRAGE
A ÉTÉ ACHEVÉ D'IMPRIMER
SUR ROTO-PAGE
PAR L'IMPRIMERIE FLOCH À MAYENNE
POUR LES ÉDITIONS ALBIN MICHEL
EN AVRIL 1992

N° d'édition : 12365. N° d'impression : 32320.
Dépôt légal : avril 1992.

Imprimé en France